国家示范性高等职业院校成果教材·汽车电子技术系列

汽车电子产品工艺

孙晓莉 主编　张亚琛 副主编

清华大学出版社
北　京

内 容 简 介

本书根据汽车电子产品工艺课程教学大纲编写而成,主要内容包括电路设计软件介绍、电子元器件的检测工艺、焊接工艺和电子产品装配工艺。

本书可作为高等工科院校汽车电子及其相关专业的汽车电子产品工艺课程的教材,也可供从事汽车工程及相关专业的管理人员和技术人员自学参考。

图书在版编目(CIP)数据

汽车电子产品工艺/孙晓莉主编.---北京:清华大学出版社,2016(2024.2重印)
国家示范性高等职业院校成果教材.汽车电子技术系列
ISBN 978-7-302-42074-3

Ⅰ.①汽… Ⅱ.①孙… Ⅲ.①汽车-电气设备-高等职业教育-教材 Ⅳ.①U463.6

中国版本图书馆 CIP 数据核字(2015)第 263548 号

责任编辑:杨 倩 洪 英
封面设计:常雪影
责任校对:刘玉霞
责任印制:杨 艳

出版发行:清华大学出版社
    网 址:https://www.tup.com.cn, https://www.wqxuetang.com
    地 址:北京清华大学学研大厦 A 座 邮 编:100084
    社 总 机:010-83470000   邮 购:010-62786544
    投稿与读者服务:010-62776969, c-service@tup.tsinghua.edu.cn
    质量反馈:010-62772015, zhiliang@tup.tsinghua.edu.cn
印 刷 者:天津鑫丰华印务有限公司
经 销:全国新华书店
开 本:170mm×230mm 印 张:7   字 数:128 千字
版 次:2016 年 3 月第 1 版   印 次:2024 年 2 月第 5 次印刷
定 价:29.80 元

产品编号:041129-02

前言

当前,汽车技术的发展基本上取决于汽车电子技术的发展,而电子产品的生产离不开工艺。工艺作为一门独立学科,涉及的范围极广,并且与生产实际结合得非常紧密。对汽车电子产品工艺的了解和认知是汽车专业人员不可缺少的能力。

本书内容新颖独特,突出应用性,理论联系实际,将电子工艺中的新知识、新技术、新工艺和新方法用图文并茂、深入浅出的形式进行叙述,非常实用。

全书分为4章,分别就电路设计软件、电子元器件的检测工艺、焊接工艺及电子产品装配工艺进行了介绍,各章相对独立,方便各学校根据自身的条件和设备情况灵活选择内容。每章末都配有思考与复习题,便于学生和老师检查学习的情况。

本书由深圳职业技术学院汽车与交通学院孙晓莉主编,张亚琛任副主编,其中第1、3和4章由孙晓莉编写,第2章由张亚琛编写,孙晓莉进行全书统稿。全书由深圳职业技术学院贺萍教授主审。在本书的编写过程中,得到了许多专家与同行的热情支持,在此一并表示感谢。

由于编者水平有限,错误和不当之处在所难免,敬请读者指正。

编　者

2015 年 12 月

目录

第1章 电路设计软件介绍

1.1 印制电路板基本概念

1.1.1 印制电路板的发展历史

印制电路板(PCB)最初是为了方便安装分立电子元器件、减少过多连接线而设计的一种代替电子电路连接线的安装基板。随着各种电子设备元器件向小型化和高密度化发展,手工连接线的方式已基本被淘汰,所有电子元器件都开始采用印制电路板。由于电路板是用预先设计好的电路通过照相制版的方法在覆有铜箔的基板上制成的,所以简称为印制电路板,如图 1-1 所示。

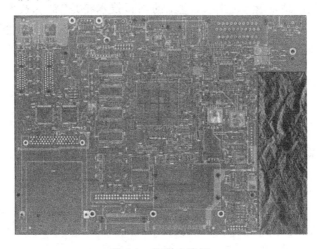

图 1-1　印制电路板

关于印制电路板的构思早在 1936 年就有人提出过,但采用的是加成法,即将铜线布置在基板上,方便电子元器件的连接,用来制作无线电接收机。

20 世纪 50 年代,出现了单面印制电路板,制造方法是使用覆铜箔纸基酚醛树脂层压板(PP 基材),用化学药品溶解除去不需要的铜箔,留下的铜箔成为电路,称为减成法工艺。一些品牌制造工厂用此工艺制作印制电路板,以手工操作为主,腐蚀液是三氯化铁,溅到衣服上就会变黄。当时应用印制电路板的代表性产品手提式晶体管收音机,就采用了 PP 基材的单面印制电路板。

20 世纪 60 年代,出现了应用覆铜箔玻璃布环氧树脂层压板(GE 基材)的印制板专用材料,使印制电路板的应用和生产进入了产业化阶段。1965 年开始出现商品化批量生产 GE 基板,工业用电子设备用 GE 基板、民用电子设备用 PP 基板已成为业内的常识。

进入 20 世纪 70 年代,印制电路板技术有了很大进步。这个时期的印制电路板从 4 层向 6、8、10、20、40、50 层甚至更多层发展,同时实行高密度化(细线、小孔、薄板化)电路,宽度与间距从 0.5mm 向 0.35mm、0.2mm、0.1mm 发展,印制电路板单位面积上布线密度大幅提高。

60 多年来,印制电路板的变化反映了电子技术的高速发展。自 1947 年发明半导体晶体管以来,电子设备的形态经历了由大型、大体积向小型、小体积再向迷你型和微型化发展的历程。半导体器件也由低功率、分立晶体管向高集成度发展,开发出了各种高性能和更高集成度的 IC。

进入 21 世纪,电子技术设备在向高密度化、小型化和轻量化发展的同时,将向高智能化产品发展。主导 21 世纪的创新技术将是"纳米技术"和各种智能机器人技术。这些新技术将会带动电子元器件的研究开发,从而进一步促进电子电镀技术的进步。

1.1.2　印制电路板的分类

印制电路板的分类方法比较多,主要有以下几种。

1. 按基板材料分类

纸质敷铜板:这种板价格低廉,但性能较差,可用于低频电路和要求不高的场合。

玻璃布敷铜板:这种板价格较贵,但性能较好,常用于高频电路和高档家电产品中。

扰性塑料敷铜板:这种板能够承受较大的变形。

2. 按结构分类

单面印制电路板(简称单面板)是一种一面敷铜,另一面没有敷铜的电路板,如图 1-2 所示。只可在它敷铜的一面布线和焊接元器件。单面板结构比较简单,制作成本较低。但是对于复杂的电路,由于只能一个面上走线,并且不允许交叉,单面板布线难度很大,布通率往往较低,因此通常只在电路比较简单时才采用单面板布线。

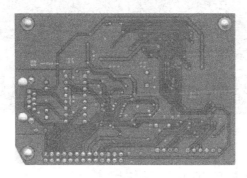

图 1-2 单面板

双面板印制电路板(简称双面板)是一种包括顶层(top layer)和底层(bottom layer)的电路板。顶层一般为元器件面,底层一般为焊接面。双面板两面都敷上了铜箔,因此 PCB 中两面板都可以布线,并且可以通过导孔在不同工作层中切换走线,相对于多层板而言,双面板制作成本不高,对于一般的应用电路,在给定的面积时通常都能全部布通,因此目前一般的印制电路板都是双面板,如图 1-3 所示。

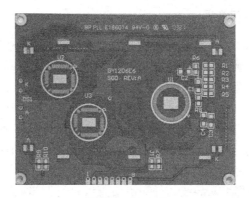

图 1-3 双面板

多层印制电路板(简称多层板)就是具有多个工作层面的电路板,如图 1-4 所示。最简单的多层板有 4 层,通常是在 top layer 和 bottom layer 中间加上了电源层和地线层。通过这样的处理,可以最大限度地解决电磁干扰问题,提高系统的可靠性,同时也可以提高布通率,缩小 PCB 的面积。

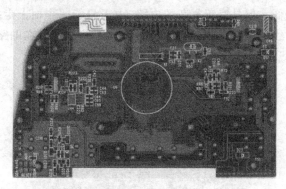

图 1-4 多层板

1.1.3 印制电路板的作用与优点

1. 印制电路板的作用

在电子设备中,印制电路板通常起以下三方面作用:

(1) 对电路中的各种元器件提供必要的机械支撑;

(2) 提供电路的电气连接;

(3) 用标记符号把板上所安装的各个元器件标注出来,便于插件、检查及调试。

2. 印制电路板的优点

(1) 具有重复性。一旦电路板的布线经过验证,就不必再为制成的每一块板上的互联是否正确进行逐个检验,因为所有板的连线与样板一致。这种方法适合于大规模工业化生产。

(2) 板的可预测性。设计师通常按照"最坏情况"的设计原则来设计印制导线的长、宽、间距及选择印制电路板的材料,以保证最终产品能通过试验条件。虽然该方法不一定能准确地反映印制电路板及元器件使用的潜力,但可以保证最终产品测试的废品率很低,并可大大简化印制电路板的设计。

(3) 所有信号都可从导线的任一点沿直线进行测试,而不会产生因导线接触而引起短路的危险。

(4) 印制电路板的焊点可以在一次焊接过程中将大部分焊完。现代焊接方法主要使用的是浸焊和波峰焊,这样可以保证高速、高质量地完成焊接工作,减少虚焊、漏焊,从而降低电子设备的故障率。

1.2 电路设计软件 Protel DXP 的发展与概述

1.2.1 Protel DXP 的发展

从 20 世纪 80 年代开始,计算机应用进入了各个领域。20 世纪 80 年代末,由美国 Accel Technologies Inc. 推出了第一个应用于电子电路设计的软件包——TANGO,这个软件包在当时给电子电路设计带来了设计方法和方式的革命,人们开始用计算机来设计电子电路。但 TANGO 在应用中逐渐显示出其不适应时代发展需要的弱点,这时 Altium(前称 Protel International Limited)公司以其强大的研发能力推出了 Protel for DOS 作为 TANGO 的升级版本。从此 Protel 开始出现在 PCB 设计的历史舞台,并日益显示其强大的生命力。

随后,Windows 操作系统开始流行,许多应用软件开始支持 Windows 操作系统。Altium 公司相继推出了 Protel for Windows 1.0、Protel for Windows 1.5 等版本。这些版本的可视化功能给用户设计电子电路带来了很大的方便,设计者再也不用记一些烦琐的命令,同时也让用户体会到了资源共享的乐趣。

随着 Windows 95 的出现,Altium 公司也紧跟潮流,推出了 Protel 3.x。这个版本加入了新颖的主从式结构,但在自动布线方面却没有什么出众的表现。另外,这个版本是 16 位和 32 位混合型软件,所以也不太稳定。

1998 年,Altium 公司推出了给人以全新感觉的 Protel 98。Protel 98 以其出众的自动布线能力获得了业内人士的一致好评。

1999 年,Altium 公司又推出了最新一代的电子电路设计系统——Protel 99。在 Protel 99 中加入了许多全新的特色。

2002 年,Altium 公司重新设计了 Design Explorer(DXP)平台,随着 Protel DXP 的上市,出现了第一个在新 DXP 平台上使用的产品。Protel DXP 是 EDA 行业内第一个可以在单个应用程序中完成所有板设计处理的工具。

1.2.2 Protel DXP 2004 概述

Protel DXP 2004 主要由以下四部分组成:

(1) 原理图设计系统,用于电路原理图的设计;

(2) PCB 设计系统,用于 PCB 的设计;

（3）FPGA 系统，用于可编程逻辑器件的设计；

（4）电子电路仿真系统，用于对电子电路模拟仿真设计。

Protel DXP 2004 将原理图编辑、PCB 图绘制及打印等功能有机结合在一起，形成了一个集成的开发环境。在这个环境中，原理图编辑就是电子电路的原理图设计，是通过原理图编辑器来实现的。原理图编辑器为用户提供高速、智能的原理图编辑手段，由它生成的原理图文件可以为印制电路板的制作做准备工作。

1.3　电路设计软件应用实例

单片机实验板是学习单片机的必备工具之一。一般初学者在学习 51 单片机时，都要利用单片机实验板来学习编程。图 1-5 就是一个实验板的电路图。

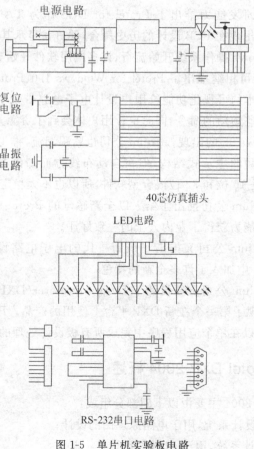

图 1-5　单片机实验板电路

图 1-5 的实验板由晶振电路、电源电路、LED 电路等组成,能够完成流水灯试验、串口通信等经典的单片机实验。

1.3.1 创建项目文件

在菜单栏中选择 File→New→PCB Project 命令,然后选择 File→Save Project As 命令,将文件保存为 MCUE. PrjPcb。再选择 File→New→Schematic 命令,并将其命名为新的原理图文件 MCUE. SchDoc,如图 1-6 所示。

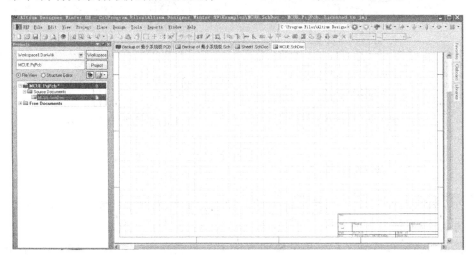

图 1-6 新建 MCUE 项目文件

1.3.2 放置元器件

在通用元件库 Miscellaneous Devices. IntLib 中选择发光二极管 LED、电阻 Res、晶振 XTAL、电容 Cap、开关 SW 等所需的电子元器件,如图 1-7 所示。

如果是在已有的库中没有的元件,就需要自己设计了,例如 MCU51。先要在元件库 Miscellaneous Connectors. IntLib 中选择与 MCU51 封装形式相同的 MHDR2X20,如图 1-8 所示,通过属性编辑,可以设计成所需的 MCU51 芯片,如图 1-9 所示。

D?
LED0

C?
Cap
100pF

R?
Res2
1kΩ

C?
Cap Poll
100pF

1 2
XTAL

S?
SW-SPST

图 1-7 放置元器件

图 1-8   MHDR2X20   图 1-9   修改后的 MCU51

1.3.3   原理图输入

在放置好元件之后,按照原理图不同电路系统合理地放置,不仅要美观大方,也要便于后面的布线。同时也要按要求设置元件的属性,包括元件标号、元件值等。元件放置之后采用分块的方法手工布线操作。连接完的电源电路如图 1-10 所示。

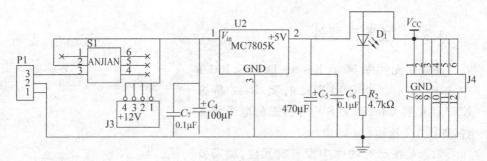

图 1-10   电源电路

连接完的晶振电路如图 1-11 所示。

连接完的 LED 电路如图 1-12 所示。

连接完的串口电路如图 1-13 所示。

完整的电路如图 1-5 所示。

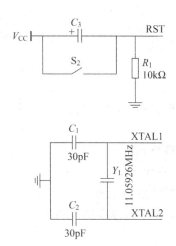

图 1-11 晶振电路

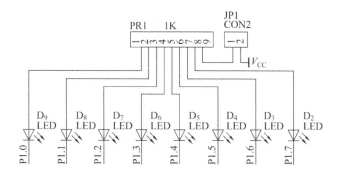

图 1-12 LED 电路

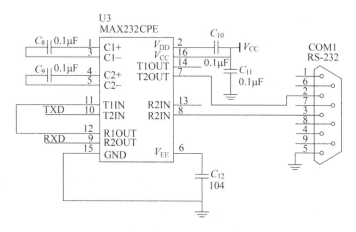

图 1-13 串口电路

思考与复习题

1. 印制电路板按基板材料分,可以分为哪几种? 按结构分,可以分为哪几种? 各自有什么特点?

2. 简述使用印制电路板的特点。

3. Protel DXP 2004 有什么特点?

4. 简述原理图编辑器的启动方法。

5. 如何通过库文件面板放置原理图元器件?

第 2 章 电子元器件的检测工艺

2.1 电阻器的识别与检测

电阻器(简称电阻)是在电子电路中用得最多的元件之一,在电路中起着限流和分压的作用。

2.1.1 电阻器的类型

电阻器从结构上可分为固定电阻器和可变电阻器两大类,常见电阻器的外形和图形符号如图 2-1 所示。电阻器的文字符号用大写字母"R"表示。

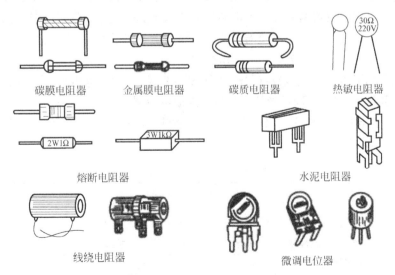

碳膜电阻器　　金属膜电阻器　　碳质电阻器　　　热敏电阻器

熔断电阻器　　　　　　　　　　水泥电阻器

线绕电阻器　　　　　　　　微调电位器

图 2-1　常见电阻器外形和图形符号

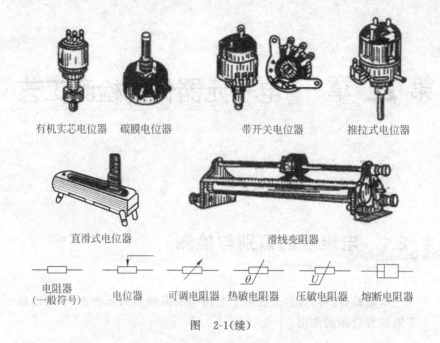

有机实芯电位器　碳膜电位器　　　带开关电位器　　　推拉式电位器

直滑式电位器　　　　　　　滑线变阻器

电阻器　　　　电位器　　可调电阻器　热敏电阻器　压敏电阻器　熔断电阻器
（一般符号）

图　2-1（续）

　　固定电阻器的阻值是固定不变的,阻值的大小即为它的标称阻值。固定电阻器按其材料的不同可分为碳膜电阻器、金属膜电阻器和线绕电阻器等。

　　可变电阻器的阻值可以在一定的范围内调整,它的标称阻值是最大值,其滑动端到任意一个固定端的阻值在 0 和最大值之间连续可调。可变电阻器分为可调电阻器和电位器两种。可调电阻器有立式和卧式之分,分别用于不同的电路中。电位器就是在可调电阻器上再加一个开关,做成同轴联动形式,如收音机中的音量旋钮和电源开关就是一个电位器。

　　按使用场合分,电阻器可分为:精密电阻器、大功率电阻器、高频电阻器、高压电阻器、热敏电阻器、光敏电阻器和熔断电阻器等。

　　根据国家标准 GB/T 2470—1995 的规定,电位器的型号由 4 个部分组成,如表2-1 所示。

表 2-1　电位器的型号命名方法

第一部分		第二部分		第三部分		第四部分
用字母表示主称		用字母表示材料		用数字或字母表示特征		用数字表示序号
符号	意义	符号	意义	符号	意义	意义
R	电阻器	T	碳膜	1,2	普通	包括:
		H	合成膜	3	超高频	额定功率

续表

第一部分		第二部分		第三部分		第四部分
用字母表示主称		用字母表示材料		用数字或字母表示特征		用数字表示序号
符号	意义	符号	意义	符号	意义	意义
W	电位器	P	硼碳膜	4	高阻	阻值
		U	硅碳膜	5	高温	允许误差
		C	沉积膜	7	精密	精度等级等
		I	玻璃釉膜	8	电阻器-高压	
		J	金属膜	9	电位器-特殊函数	
		Y	氧化膜	C	高功率	
		S	有机实芯	T	可调	
		N	无机实芯	X	小型	
		X	线绕	L	测量用	
		R	热敏	W	微调	
		G	光敏	D	多圈	
		M	压敏			

2.1.2　电阻器的主要参数

1. 电阻器的阻值

电阻器上所标的阻值称为标称阻值。电阻器的实际阻值和标称值之差除以标称值所得到的百分数,为电阻器的允许误差。允许误差越小的电阻器,其标称值规格越多。常用固定电阻器的标称阻值系列如表 2-2 所示,允许误差等级如表 2-3 所示。电阻器上的标称阻值是按国家规定的阻值系列标注的,因此在选用时必须按阻值系列去选用,将表 2-2 中的数值乘以 10^n（n 为整数）,就成为这一阻值系列。如 E24 系列中的 1.8 就代表有 1.8Ω、18Ω、180Ω、$1.8k\Omega$、$18k\Omega$、$180k\Omega$ 等系列电阻值。随着电子技术的发展,对器件数值的精密度要求越来越高,所以近年来,国家又相继公布了 E48、E96、E192 系列标准,使电阻的系列值得以增加,阻值误差也越来越小。

表 2-2　常用固定电阻值的标称阻值系列

系列	允许误差	电阻系列标称值											
E24	Ⅰ级±5%	1.0	1.1	1.2	1.3	1.5	1.6	1.8	2.0	2.2	2.4	2.7	3.0
		3.3	3.6	3.9	4.3	4.7	5.1	5.6	6.2	6.8	7.5	8.2	9.1
E12	Ⅱ级±10%	1.0	1.1	1.5	1.8	2.2	2.7	3.3	3.9	4.7	5.6	6.8	8.2
E6	Ⅲ级±20%	1.0		1.5		2.2		3.3		4.7		6.8	

表 2-3　常用电阻器的允许误差等级

允许误差/%	±0.5	±1	±5	±10	±20
等级	005	01	Ⅰ	Ⅱ	Ⅲ
文字符号	D	F	J	K	M

阻值和允许误差在电阻器上常用的标志方法有下列三种。

（1）直接标志法：将电阻器的阻值和误差等级直接用数字印在电阻器上。对小于 1000Ω 的阻值只标出数值，不标单位；对 kΩ、MΩ 只标注 k、M。精度等级标Ⅰ或Ⅱ级，Ⅲ级不标明。

（2）文字符号法：将需要标志的主要参数与技术指标用文字和数字符号有规律地标注在产品表面上。例如，欧姆用 Ω 表示；千欧用 k 表示；兆欧（10^6 Ω）用 M 表示；吉欧（10^9 Ω）用 G 表示；太欧（10^{12} Ω）用 T 表示。

（3）色环标志法：对体积很小的电阻和一些合成电阻器，其阻值和误差常用色环来标注，如图 2-2 所示。色环标志法有四环和五环两种。四环电阻有四道色环，第一道环和第二道环分别表示电阻的第一位和第二位有效数字，第三道环表示 10 的乘方数（10^n，n 为颜色所表示的数字），第四道环表示允许误差（若无第四道色环，则误差为 ±20%）。色环电阻的单位一律为 Ω。

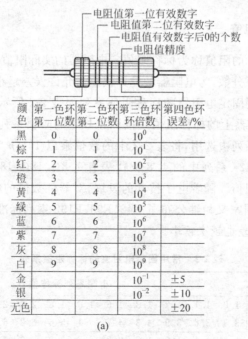

(a)

图 2-2　电阻的色环标注法

(a) 普通型；(b) 精密型

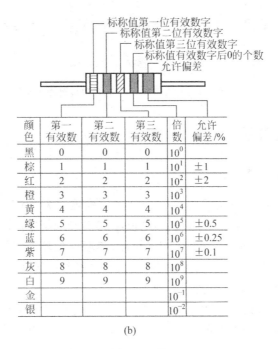

标称值第一位有效数字
标称值第二位有效数字
标称值第三位有效数字
标称值有效数字后0的个数
允许偏差

颜色	第一有效数	第二有效数	第三有效数	倍数	允许偏差/%
黑	0	0	0	10^0	
棕	1	1	1	10^1	±1
红	2	2	2	10^2	±2
橙	3	3	3	10^3	
黄	4	4	4	10^4	
绿	5	5	5	10^5	±0.5
蓝	6	6	6	10^6	±0.25
紫	7	7	7	10^7	±0.1
灰	8	8	8	10^8	
白	9	9	9	10^9	
金				10^{-1}	
银				10^{-2}	

(b)

图　2-2(续)

精密电阻器一般用五道色环标注,它用前三道色环表示三位有效数字,第四道色环表示 10^n(n 为颜色所代表的数字),第五道色环表示阻值的允许误差。采用色环标志的电阻器,颜色醒目,标志清晰,不易褪色,从不同的角度都能看清阻值和允许偏差。目前国际上广泛采用色标法。

2. 电阻的额定功率

电阻器在交直流电路中长期连续工作所允许消耗的最大功率,称为电阻器的额定功率。电阻的额定功率系列如表 2-4 所示,共分为 19 个等级,常用的有 1W/20、1W/8、1W/4、1W/2、1W、2W、10W 等。各种功率的电阻器在电路图中的符号如图 2-3 所示。

表 2-4　电阻器的额定功率

种　类	电阻器额定功率系列/W
线绕电阻	0.05　0.125　0.25　0.5　1　2　3　4　6　8　10　16　25　40　50　75　100　150　250　500
非线绕电阻	0.05　0.125　0.25　0.5　1　2　5　10　25　50　100

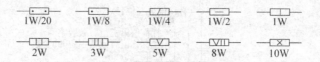

图 2-3　电阻器额定功率的图形符号

2.1.3　电位器

1. 电位器的分类

按电阻体所用的材料可将电位器分为碳膜电位器（WT）、金属膜电位器（WJ）、有机实芯电位器（WS）、玻璃釉电位器（WI）和线绕电位器（WX）等。按结构可将电位器分成单圈电位器、多圈电位器、单联电位器、双联电位器和多联电位器。按开关的形式电位器可分为旋转式、推拉式和按键式等。按阻值调节的方式电位器可分为旋转式和直滑式两种。

（1）碳膜电位器。碳膜电位器主要由马蹄形电阻片和滑动臂构成，其结构简单，阻值随滑动触点位置的改变而改变。碳膜电位器的阻值范围较宽，工作噪声小、稳定性好、品种多，因此广泛用于无线电电子设备和家用电器中。碳膜电位器外形图、符号及连接方法如图 2-4 所示。

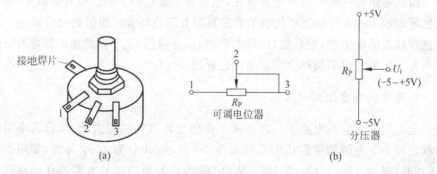

图 2-4　碳膜电位器外形图、符号及连接方法
（a）外形图；（b）连接方法

（2）线绕电位器。它是由合金电阻丝绕在环状骨架上制成。其优点是能承受大功率且精度高，电阻的耐热性和耐磨性较好。其缺点是分布电容和分布电感较大，影响高频电路的稳定性，故在高频电路中不宜使用。

（3）直滑式电位器。其外形为长方体，电阻体为板条形，通过滑动触点改变阻值。直滑式电位器多用于收录机和电视机中，其功率较小，阻值范围为 470Ω～

2.2MΩ。

（4）方形电位器。这是一种新型电位器,采用碳精接点,耐磨性好,装有插入式焊片和插入式支架,能直接插入印制电路板中,不用另设支架。常用于电视机的亮度、对比度和色饱和度的调节,阻值范围在 470Ω～2.2MΩ。这种电位器属旋转式电位器。

2. 电位器的主要参数

电位器的分类形式和主要参数如下。

（1）根据阻值的变化形式分类:这是指电位器的阻值随转轴旋转角度的变化关系,可分为线性电位器和非线性电位器。常用的有直线式、对数式、指数式,分别用 X、D、Z 来表示。

直线式电位器适用于做分压器,常用于示波器的聚焦和万用表的调零等方面;对数式电位器常用于音调控制和电视机的黑白对比度调节,其特点是先粗调后细调;指数式电位器常用于收音机、录音机和电视机等的音量控制,其特点是先细调后粗调。X、D、Z 等字母符号一般印在电位器上,使用时应特别注意。

（2）动态噪声:由于电阻体阻值分布的不均匀性和滑动触点接触电阻的存在,电位器的滑动臂在电阻体上移动时会产生噪声,这种噪声对电子设备的工作将产生不良影响。

2.1.4　电阻(位)器的测试

1. 普通电阻器的测试

当电阻器的参数标志因某种原因脱落或欲知道其精确阻值时,就需要用仪器对电阻器的阻值进行测量。对于常用的碳膜、金属膜电阻器以及线绕电阻器的阻值,可用普通指针式万用表的电阻挡直接测量。在具体测量时应注意以下几点。

（1）合理选择量程。先将万用表功能选择置于"Ω"挡,由于指针式万用电表的电阻挡刻度线是非均匀的,因此必须选择合适的量程,使被测电阻的指示值尽可能位于刻度线的 0 刻度到全程 2/3 的这一段位置上,这样可提高测量的精度。对于上百千欧的电阻器,则应选用 $R\times10k$ 挡进行测量。

（2）注意调零。所谓"调零"就是将电表的两只表笔短接,调节"调零"旋钮使表针指向表盘上的"0"位置。

2. 热敏电阻器的测试

目前在电路中应用较多的是负温度系数热敏电阻。要判断热敏电阻器性能的好坏,可在测量其电阻的同时,用手指捏在热敏电阻器上,使其温度升高,或者利用电烙铁对其加热(注意不要让电烙铁接触上电阻)。若其阻值随温度的变化而变化,则说明其性能良好;若阻值不随温度变化或变化很小,则说明其性能不好或已损坏。

3. 电位器的测试

（1）测试要求

电位器的总阻值要符合标志数值,电位器的中心滑动端与电阻体之间要接触良好,其动噪声和静噪声应尽量小,其开关动作应准确可靠。

（2）检测方法

先测量电位器的总阻值,即两端片之间的阻值应为标称值,然后再测量它的中心端片与电阻体的接触情况。将一只表笔接电位器的中心焊接片,另一只表笔接其余两端片中的任意一个,慢慢将其转柄从一个极端位置旋转至另一个极端位置,其阻值则应从零(或标称值)连续变化到标称值(或零)。

2.2 电容器的识别与检测

电容器(简称电容)是一种能存储电能的元件,其特性可用12字口诀来记忆:通交流、隔直流、阻低频、通高频。电容器在电路中常作耦合、旁路、滤波和谐振等用途。

电容器按结构可分为固定电容和可变电容,可变电容中又有半可变(微调)电容和全可变电容之分。电容器按材料介质可分为气体介质电容、纸介电容、有机薄膜电容、瓷介电容、云母电容、玻璃釉电容、电解电容等。电容器还可分为有极性电容和无极性电容。常见电容器的外形和图形符号如图2-5所示。

图 2-5　常见电容的外形和图形符号

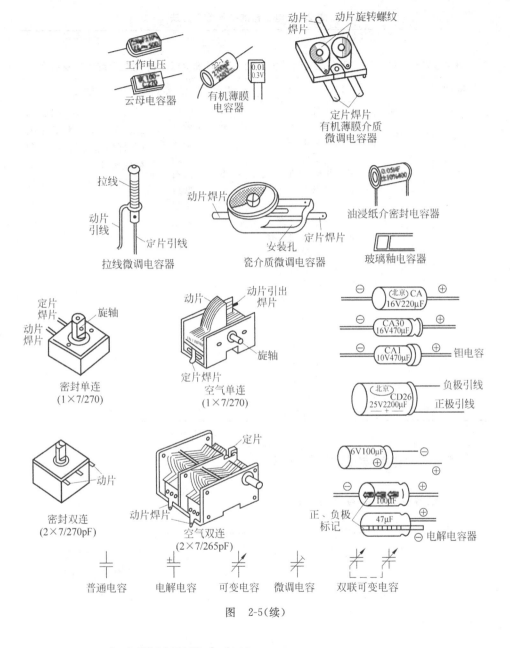

图　2-5(续)

2.2.1　电容器的型号命名法

根据国标 GB/T 2470—1995 的规定,电容器的产品型号一般由四部分组成,各部分含义如表 2-5 所示。

表 2-5　电容器的型号命名方法

第一部分		第二部分		第三部分		第四部分
用字母表示主体		用字母表示材料		用字母表示特征		用数字或字母表示序号
符号	意义	符号	意义	符号	意义	意义
C	电容器	C	瓷介	T	铁电	包括：品种、尺寸代号、温度特性、直流工作电压、标称值、允许误差和标准代号等
		I	玻璃釉	W	微调	
		O	玻璃膜	J	金属化	
		Y	云母	X	小型	
		V	云母纸	S	独石	
		Z	纸介	D	低压	
		J	金属化纸	M	密封	
		B	聚苯乙烯	Y	高压	
		F	聚四氟乙烯	C	穿心式	
		L	涤纶			
		S	聚碳酸酯			
		Q	漆膜			
		H	纸膜复合			
		D	铝电解			
		A	钽电解			
		G	金属电解			
		N	铌电解			
		T	钛电解			
		M	压敏			
		E	其他电解材料			

2.2.2　电容器的主要参数

1. 电容器的标称容量与允许误差

在电容器上标注的电容量值，称为标称容量。电容器容量的标准单位是 F（法拉），常用的是 mF（毫法）、μF（微法）、nF（纳法）、pF（皮法），它们之间的换算关系为 $1F=10^6 \mu F=10^9 nF=10^{12} pF$。电容器的标称容量与其实际容量之差，再除以标称值所得的百分比，就是允许误差。允许误差一般分为 8 个等级，如表 2-6 所示。

表 2-6　电容器的允许误差等级

级别	01	02	I	II	III	IV	V	VI
允许误差	1%	±2%	±5%	±10%	±20%	+20%～-30%	+50%～-20%	+100%～-10%

误差有如下三种表示方法。

(1) 将容量的允许误差直接标注在电容器上;

(2) 用罗马数字Ⅰ、Ⅱ、Ⅲ分别表示±5%、±10%、±20%;

(3) 用英文字母表示误差等级。用 J、K、M、N 分别表示±5%、±10%、±20%、±30%;用 D、F、G 分别表示±0.5%、±1%、±2%;用 P、S、Z 分别表示±(100~0)%、±(50~20)%、±(80~20)%。

固定电容器的标称容量系列如表 2-7 所示,任何电容器的标称容量都满足表中标称容量系列再乘以 10^n(n 为正或负整数)。

表 2-7　固定电容标称值系列

电容器类别	允许误差	标称值系列						
高频纸介质、云母介质、玻璃釉介质、高频(无极性)有机薄膜介质	±5%	1.0　1.1　1.1　1.3　1.5　1.6　1.8 2.0　2.2　2.4　2.7　3.0　3.3　3.6 3.9　4.3　4.7　5.1　5.6　6.2　6.8 7.5　8.2　9.1						
纸介质、金属化纸介质、复合介质、低频(有极性)有机薄膜介质	±10%	1.0　1.5　2.0　2.2　3.3　4.0　4.7 5.0　6.0　6.8　8.2						
电解电容器	±20%	1.0　1.5　2.2　3.3　4.7　6.8						

2. 电容器容量和误差的标志方法

电容器的容量和误差的标志方法有如下四种。

(1) 直标法:在产品的表面上直接标志出产品的主要参数和技术指标的方法。例如,在电容器上标志 $33\mu F\pm5\%$、32V。

(2) 文字符号法:将需要标志的主要参数与技术性能用文字、数字符号有规律地组合标志在产品的表面上。采用文字符号法时,将容量的整数部分写在容量单位标志符号前面,小数部分放在单位符号后面。例如,3.3pF 标志为 3p3,1000pF 标志为 1n,6800pF 标志为 6n8,2.2μF 标志为 2μ2。

(3) 数字标识法:体积较小的电容器常用数字标识法。一般用三位整数,第一位、第二位为有效数字,第三位表示有效数字后面零的个数,单位为 pF,但是当第三位数是 9 时表示 10^{-1}。例如,"243"表示容量为 24 000pF,而"339"表示容量为 33×10^{-1}pF(3.3pF)。

(4) 色标法:电容器容量的色标法原则上与电阻器类似,其单位为 pF。

3. 电容器的额定耐压

电容器的额定耐压是指在规定温度范围下,电容器正常工作时能承受的最大直流电压。固定式电容器的耐压系列值有:1.6V、6.3V、10V、16V、25V、

32V、40V、50V、63V、100V、125V、160V、250V、300V、400V、450V、500V、1000V等。耐压值一般直接标注在电容器上,但有些电解电容器在正极根部用色点来表示耐压等级,如6.3V用棕色,10V用红色,16V用灰色。电容器在使用时不允许超过这个耐压值,若超过此值,电容器就可能损坏或被击穿,甚至爆裂。

2.2.3 常见电容器的类型与选用原则

1. 固定电容器

固定电容器有下列几种类型。

（1）纸介电容器（CZ型）

纸介电容器的电极用铝箔或锡箔做成,绝缘介质用浸过蜡的纸相叠后卷成圆柱体密封而成。其特点是容量大、构造简单、成本低,但热稳定性差、损耗大、易吸湿,适用于在低频电路中用做旁路电容和隔直电容。金属纸介电容器（CJ）型的两层电极是将金属蒸发后沉积在纸上形成的金属薄膜,其特点是体积小,被高压击穿后有自愈作用。

（2）有机薄膜电容器（CB或CL型）

有机薄膜电容器是用聚苯乙烯、聚四氟乙烯、聚碳酸酯或涤纶等有机薄膜代替纸介,以铝箔或在薄膜上蒸发金属薄膜封装而成。其特点是体积小、耐压高、损耗小、绝缘电阻大以及稳定性好,但是温度系数较大。有机薄膜电容器适于用在高压电路、谐振回路和滤波电路中。

（3）瓷介电容器（CC型）

瓷介电容器是以陶瓷材料作介质、在介质表面上烧渗银层作电极,有管状和圆片状。其特点是结构简单、绝缘性能好、稳定性较高、介质损耗小、固有电感小、耐热性好;但其机械强度低、容量不大。瓷介电容器适于用在高频高压电路和温度补偿电路中。

（4）云母电容器（CY型）

云母电容器是以云母为介质,上面喷覆银层或用金属箔作电极后封装而成。其特点是绝缘性好、耐高温、介质损耗极小、固有电感小,因此其工作频率高、稳定性好、工作耐压高,应用广泛。云母电容器适于用在高频电路和高压设备中。

（5）玻璃釉电容器（CI型）

玻璃釉电容器是用玻璃釉粉加工成的薄片作为介质,其特点是介电常数大,体积也比同容量的瓷片电容器小、损耗更小。与云母和瓷介电容器相比,它更适于在高温下工作,广泛用于小型电子仪器的高频电路和脉冲电路中。

（6）电解电容器

电解电容器以附着在金属极板上的氧化膜层作介质,阳极即金属极片,一般为铝、铌、钽等,阴极是填充的电解液(液体、半液体、胶状),且有修补氧化膜的作用。氧化膜具有单向导电性和较高的介质强度,所以电解电容为有极性电容。新出厂的电解电容其长脚为正极,短脚为负极,在电容器的表面上还印有负极标志。电解电容在使用中一旦极性接反,则通过其内部的电流过大,将导致其过热击穿、温度升高,产生的气体会引起电容器外壳爆裂。

电解电容器的优点是容量大,在短时间过电压击穿后,能自动修补氧化膜并恢复绝缘。其缺点是误差大、体积大,有极性要求,并且其容量随信号频率的变化而变化,稳定性差,绝缘性能低,工作电压不高,寿命较短,长期不用时易变质。电解电容器适于用在整流电路中进行滤波、电源去耦等。

2. 可变电容器

可变电容器有下列几种类型。

(1) 空气可变电容器

这种电容器以空气为介质,用一组固定的定片和一组可旋转的动片(两组金属片)为电极,两组金属片互相绝缘。因动片和定片的组数不同分为单连、双连、多连等。其特点是稳定性高、损耗小、精确度高,但体积大。常用于收音机的调谐电路。

(2) 薄膜介质可变电容器

这种电容器的动片和定片之间用云母或塑料薄膜作为介质,外面加以封装。由于动片和定片之间距离极近,因此在相同的容量下,薄膜介质可变电容器比空气电容器的体积小,质量也轻。常用的薄膜介质密封单联和双联电容器在便携式收音机中广泛使用。

(3) 微调电容器

微调电容器有云母、瓷介和瓷介拉线等几种类型,其容量的调节范围极小,一般仅为几至几十皮法,常用于电路中作补偿和校正等。

3. 新型电容

(1) 片状电容

片状电容是一种新型元器件,主要有片状陶瓷电容和片状钽电容。片状陶瓷电容是片状电容中产量最大的一种,有 3216 型和 3215 型两种(定义见片状电阻)。片状陶瓷电容的容量范围宽($1 \sim 47\,800$ pF),耐压为 25V、50V,常用于混合集成电路和电子手表电路中。片状钽电容的体积小、容量大。其正极使用钽棒并露出一部分,另一端是负极。片状钽电容的容量范围为 0.1 pF $\sim 100\mu$F,其耐压值常用的是 16V 和 35V。它广泛应用在台式计算机、手机、数码相机和精密电子仪器等电路中。

（2）独石电容

独石电容是以碳酸钡为主材料烧结而成的一种瓷介电容，其容量比一般瓷介电容大（10pF～10μF），且具有体积小、耐高温、绝缘性好、成本低等优点，因而得到广泛应用。独石电容不仅可替代云母电容和纸介电容，还取代了某些钽电容，广泛应用于小型和超小型电子设备，如用在液晶手表和微型仪器中。

4. 在电路设计中电容的选用原则

（1）电容的类型选择

在电源滤波和退耦电路中应选用电解电容；在高频电路和高压电路中应选用瓷介和云母电容；在谐振电路中可选用云母、陶瓷和有机薄膜等电容；用作隔直时可选用纸介、涤纶、云母、电解等电容；用在谐振回路时可选用空气或小型密封可变电容。

（2）电容的耐压选择

电容的额定电压应高于其实际工作电压的10％～20％，以确保电容不被击穿损坏。

（3）电容的允许误差的选择

在业余制作电路时一般不考虑电容的允许误差；对于用在振荡和延时电路中的电容，其允许误差应尽可能小（一般小于5％）；在低频耦合电路中的电容误差可以稍大一些（一般为10％～20％）。

（4）电容的代用选择

电容在代用时要与原电容的容量基本相同，对于旁路和耦合电容，容量可比原电容大一些；耐压值要不低于原电容的额定电压。在高频电路中，电容的代用一定要考虑其频率特性应满足电路的频率要求。

2.2.4　电容器的检测

对电容器进行性能检查和容量的测试，应视电容器型号和容量的不同而采取不同方法。

1. 电解电容器的测试

对电解电容器的性能测量，最主要的是容量和漏电流的测量。对正、负极标志脱落的电容器，应进行极性判别。

用万用表测量电解电容的漏电流时，可用万用表电阻挡测电阻的方法来估测。万用表的黑表笔应接电容器的"＋"极、红表笔接电容器的"－"极，此时表针迅速向右摆动,然后慢慢退回,待指针不动时其指示的电阻值越大表示电容器的漏电流越小;若指针根本不向右摆,说明电容器内部已断路或电解质已干涸而失去容量。

用上述方法还可以鉴别电容器的正、负极,对失掉正、负极标志的电解电容器,先假定某极为"+",让其与万用表的黑表笔相接,另一个电极与万用表的红表笔相接,同时观察并记住表针向右摆动的幅度;将电容放电后,把两只表笔对调重新进行上述测量。两次测量中,表针最后停留的摆动幅度较小,说明最初对其正、负极的假设是对的。

2. 小容量无极性电容的测试

这类电容的特点是无正、负极之分,绝缘电阻很大,因而其漏电流很小。若用万用表的电阻挡直接测量其绝缘电阻,则表针摆动范围极小不易观察,用此法主要是检查电容的断路情况。对于 $0.01\mu F$ 以上的电容,必须根据容量的大小,分别选择万用表的合适量程,才能正确加以判断。如测 $300\mu F$ 以上的电容可选择"$R\times 10k$"或"$R\times 1k$"挡;测 $0.47\sim 10\mu F$ 的电容可用 $R\times 1k$ 挡;测 $0.01\sim 0.47\mu F$ 的电容可用 $R\times 10k$ 挡等。具体方法是:用两表笔分别接触电容的两根引线(注意双手不能同时接触电容的两极),若表针不动,将表针对调再测,仍不动说明电容断路。

对于 $0.01\mu F$ 以下的电容不能用万用表的欧姆挡判断其是否断路,只能用其他仪表(如 Q 表)进行鉴别。

3. 可变电容的测试

对可变电容主要是测其是否发生碰片(短接)现象。选择万用表的电阻 ($R\times 1$)挡,将表笔分别接在可变电容的动片和定片的连接片上。旋转电容动片至某一位置时,若发现有直通(即表针指零)现象,说明可变电容的动片和定片之间有碰片现象,应予以排除后再使用。

2.3　电感

2.3.1　电感器

电感器可分为固定电感和可变电感两大类。按导磁性质可分为空心线圈、磁芯线圈和铜芯线圈等;按用途可分为高频扼流线圈、低频扼流线圈、调谐线圈、退耦线圈、提升线圈和稳频线圈等;按结构特点可分为单层线圈、多层线圈、蜂房式线圈、磁芯式线圈等。

1. 电感的类型

电感也是构成电子电路的基本元器件,其基本特性也可用 12 字口诀来记忆:通直流、阻交流、通低频、阻高频。电感在电路中常用作交流信号的扼流、电源滤波、谐振选频等。常用电感和变压器的外形和图形符号如图 2-6 所示。

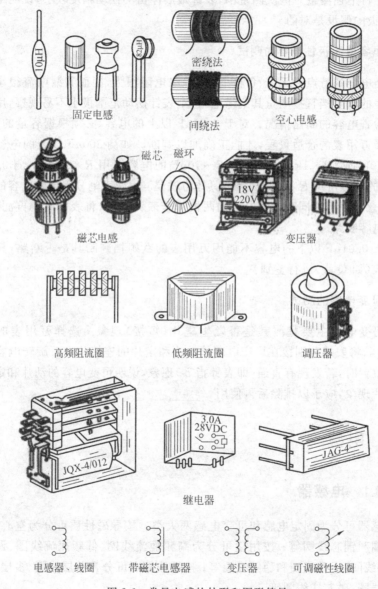

固定电感　　密绕法　间绕法　　空心电感

磁芯　磁环

磁芯电感　　　　　变压器

高频阻流圈　　　低频阻流圈　　　调压器

继电器

电感器、线圈　　带磁芯电感器　　变压器　　可调磁性线圈

图 2-6　常见电感的外形和图形符号

（1）小型固定式电感线圈

这种电感线圈是将铜线绕在磁芯上，再用环氧树脂或塑料封装而成。它的电感量用直标法和色标法表示，又称色码电感。它具有体积小、重量轻、结构牢固和安装使用方便等优点，因而广泛用于收录机、电视机等电子设备中，在电路中用于滤波、振荡、延迟等。固定电感器有立式和卧式两种，其电感量一般为 $0.1\sim3000\mu H$，允许误差分为 Ⅰ、Ⅱ、Ⅲ 三挡，即 $\pm5\%$、$\pm10\%$、$\pm20\%$，工作频率为 $10kHz\sim200MHz$。

（2）低频扼流圈

低频扼流圈又称滤波线圈，一般由铁芯、绕组等构成。其结构有封闭式和开启式两种，封闭式的结构防潮性能较好。低频扼流圈常与电容器组成滤波电路，以滤除整流后残存的交流成分。

（3）高频扼流圈

高频扼流圈用在高频电路中用来阻碍高频电流通过。在电路中，高频扼流圈常与电容串联组成滤波电路，起到分开高频和低频信号的作用。

（4）可变电感线圈

在线圈中插入磁芯（或铜芯），改变磁芯在线圈中的位置就可以达到改变电感量的目的。如磁棒式天线线圈就是一个可变电感线圈，其电感量可在一定的范围内调节。它还能与可变电容组成调谐器，用于改变谐振回路的谐振频率。

2. 电感的主要参数

（1）电感量的标称值与误差

电感的电感量也有标称值，单位有 μH（微亨）、mH（毫亨）和 H（亨利）。它们之间的换算关系是 $1H = 10^3 mH = 10^6 \mu H$。电感量的误差是指线圈的实际电感量与标称值的差异，对振荡线圈的要求较高，允许误差为 $0.2\%\sim0.5\%$；对耦合阻流线圈要求则较低，一般为 $10\%\sim15\%$。电感的标称电感量和误差的常见标识方法有直接法和色标法，标识方式类似于电阻（位）器的标识方法。目前，大部分国产固定电感将电感量、误差直接标在电感上。

（2）品质因数

电感的品质因数 Q 是线圈质量的一个重要参数。它表示在某一工作频率下，线圈的感抗对其等效直流电阻的比值，Q 值越高，线圈的铜损耗越小。在选频电路中，Q 值越高，电路的选频特性也越好。

（3）额定电流

额定电流是指在规定的温度下，线圈正常工作时所能承受的最大电流值。对于阻流线圈、电源滤波线圈和大功率的谐振线圈，这是一个很重要的参数。

（4）分布电容

分布电容是指电感线圈匝与匝之间、线圈与地以及屏蔽盒之间存在的寄生电容。分布电容使 Q 值减小、稳定性变差，为此可将导线用多股线或将线圈绕成蜂房式，对天线线圈则采用平绕法，以减少分布电容的数值。

2.3.2　变压器的类型及其主要参数

变压器在电路中被用做变换电路中的电压、电流和阻抗的器件。按变压器工作频率的高低可分为低频变压器、中频变压器和高频变压器。

1. 低频变压器

低频变压器又分为音频变压器和电源变压器两种，它主要用在阻抗变换和交流电压的变换上。音频变压器的主要作用是实现阻抗匹配、耦合信号、将信号倒相等。只有在电路阻抗匹配的情况下，音频信号的传输损耗及其失真才能降到最小；电源变压器的作用是将 220V 交流电压升高或降低，变成所需的各种交流电压。

2. 中频变压器

中频变压器是超外差式收音机和电视机中的重要元件，又叫中周。中周的磁芯和磁帽是用高频或低频特性的磁性材料制成的，低频磁芯用于收音机，高频磁芯用于电视机和调频收音机。中周的调谐方式有单调谐和双调谐两种，收音机多采用单调谐电路。常用的中周中 TFF-1、TFF-2、TFF-3 等型号为收音机所用，10TV21、10LV23、10TS22 等型号为电视机所用。中频变压器的适用频率范围从几千赫到几十兆赫，在电路中起选频和耦合等作用，在很大程度上决定了接收机的灵敏度、选择性和通频带。

3. 高频变压器

高频变压器又分为耦合线圈和调谐线圈两类。调谐线圈可与电容组成串、并联谐振回路，用于选频等。天线线圈、振荡线圈等都是高频线圈。

4. 行输出变压器

行输出变压器又称为行逆程变压器，接在电视机行扫描的输出级，将行逆程反峰电压升压后再经过整流、滤波，为显像管提供几万伏的阳极高压和几百伏的加速极电压、聚焦极电压以及其他电路所需的直流电压。新产品均为将整流和升压合为一体的行输出变压器。

5. 电感线圈和变压器的型号及命名方法

(1) 电感线圈的型号和命名方法

电感线圈型号的命名方法如图 2-7 所示,由四部分组成。

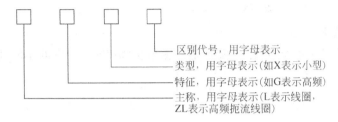

区别代号,用字母表示

类型,用字母表示(如X表示小型)

特征,用字母表示(如G表示高频)

主称,用字母表示(L表示线圈,
ZL表示高频扼流线圈)

图 2-7　电感线圈的命名方法

(2) 中频变压器型号的命名方法

中频变压器的型号由以下三部分组成。

第一部分:主称,用字母表示。

第二部分:尺寸,用数字表示。

第三部分:级数,用数字表示。

各部分的字母和数字所表示的意义如表 2-8 所示。

表 2-8　中频变压器型号各部分所表示的意义

主　　称		尺　　寸		级　　数	
字母	名称、特征、用途	数字	外形尺寸/(mm×mm×mm)	数字	用于中波级数
T	中频变压器	1	7×7×12	1	第一级
L	线圈或振荡线圈	2	10×10×14	2	第二级
T	磁性瓷芯式	3	12×12×16	3	第三级
F	调幅收音机用	4	20×25×36		
S	短波段	5			

主称部分字母表示的意义如表 2-9 所示。

表 2-9　变压器型号中主称部分字母所表示的意义

字　　母	意　　义	字　　母	意　　义
DB	电源变压器	HB	灯丝变压器
CB	音频输出变压器	SB 或 ZB	音频(定阻式)变压器
RB	音频输入变压器	SB 或 EB	音频(定压式或自耦式)变压器
GB	高频变压器		

6. 变压器的主要参数

（1）额定功率

额定功率是指在规定的频率和电压下，变压器能长期工作而不超过规定温升的最大输出视在功率，单位为 V·A。

（2）效率

效率是指在额定负载时，变压器的输出功率和输入功率的比值，即

$$\eta = \frac{P_2}{P_1} \times 100\%$$

（3）绝缘电阻

绝缘电阻是表征变压器绝缘性能的一个重要参数，是施加在绝缘层上的电压与漏电流的比值，包括绕组之间、绕组与铁芯及外壳之间的绝缘阻值。由于绝缘电阻很大，一般只能用兆欧表（或万用表的 $R \times 10\mathrm{k}$ 挡）测量其阻值。如果变压器的绝缘电阻过低，在使用中将出现机壳带电甚至将变压器绕组击穿烧毁的现象。

2.3.3　电感器和变压器的测量方法

1. 电感器的测量

对电感器进行测量首先要进行外观检查，看线圈有无松散，引脚有无折断、生锈现象。然后用万用表的欧姆挡测量线圈的直流电阻，若为无穷大，则说明线圈（或与引出线间）有断路；若比正常值小很多，则说明有局部短路；若为零，则线圈被完全短路。对于有金属屏蔽罩的电感器线圈，还需检查它的线圈与屏蔽罩间是否短路；对于有磁芯的可调电感器，螺纹配合要好。

2. 变压器的测量

对变压器的测量主要是测量变压器绕组的直流电阻和各绕组之间的绝缘电阻。

（1）绕组直流电阻的测量

由于变压器绕组的直流电阻很小，所以一般用万用表的 $R \times 1$ 挡来测绕组的电阻值，可判断绕组有无短路或断路现象。对于某些晶体管收音机中使用的输入、输出变压器，由于它们体积相同，外形相似，一旦标志脱落，直观上很难区分，此时可根据其绕组直流电阻值进行区分。一般情况下，输入变压器的直流电

阻值较大,初级多为几百欧,次级多为 $100\sim200\Omega$;输出变压器的初级多为几十欧到上百欧,次级多为零点几欧到几欧。

（2）绕组间绝缘电阻的测量

变压器各绕组之间以及绕组和铁芯之间的绝缘电阻可用 500V 或 1000V 兆欧表（摇表）进行测量。根据不同的变压器,选择不同的兆欧表。一般电源变压器和扼流圈应选用 1000V 兆欧表,其绝缘电阻应不小于 $1000M\Omega$;晶体管输入变压器和输出变压器用 500V 兆欧表,其绝缘电阻应不小于 $100M\Omega$。若无兆欧表,也可用万用表的 $R\times10k$ 挡,测量时,表头指针应不动。

2.4 半导体分立器件的识别与检测

半导体器件是近 60 年来发展起来的新型电子器件,具有体积小、质量轻、耗电省、寿命长、工作可靠等一系列优点,应用十分广泛。常用半导体分立器件的外形和封装形式如图 2-8 所示。

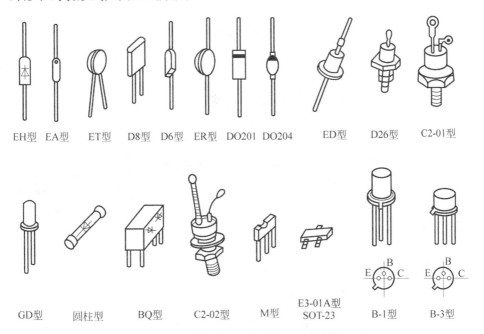

EH型 EA型 ET型 D8型 D6型 ER型 DO201 DO204 ED型 D26型 C2-01型

GD型 圆柱型 BQ型 C2-02型 M型 E3-01A型 SOT-23 B-1型 B-3型

图 2-8 常用半导体分立元器件的外形和封装形式

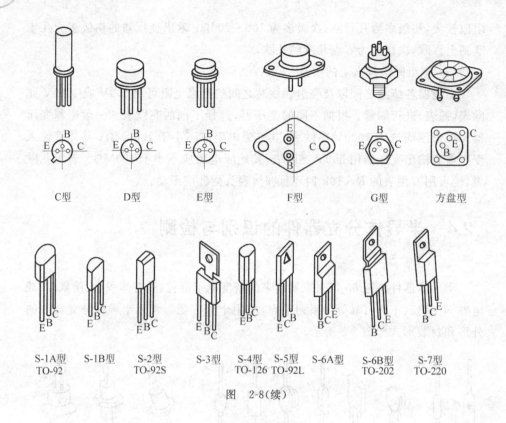

C型　　D型　　E型　　F型　　G型　　方盘型

S-1A型　S-1B型　S-2型　　S-3型　S-4型　S-5型　S-6A型　S-6B型　S-7型
TO-92　　　　　TO-92S　　　　TO-126 TO-92L　　　　TO-202　TO-220

图　2-8（续）

2.4.1　国产半导体器件型号命名法

国产半导体器件型号由五部分组成，如表 2-10 所示。

表 2-10　中国半导体元器件型号命名法

第一部分		第二部分		第三部分		第四部分	第五部分
用阿拉伯数字表示器件的电极数目		用汉语拼音字母表示器件的材料和极性		用汉语拼音字母表示器件的类别		用阿拉伯数字表示序号	用汉语拼音字母表示规格号
符号	意义	符号	意义	符号	意义		
2	二极管	A	N 型，锗材料	P	小信号管		
		B	P 型，锗材料	V	混频检波管		
		C	N 型，硅材料	W	电压调整管和电压基准管		
		D	P 型，硅材料	C	变容管		

续表

第一部分	第二部分		第三部分		第四部分	第五部分
用阿拉伯数字表示器件的电极数目	用汉语拼音字母表示器件的材料和极性		用汉语拼音字母表示器件的类别		用阿拉伯数字表示序号	用汉语拼音字母表示规格号
符号	符号	意义	符号	意义		
3　三极管	A	PNP 型,锗材料	Z	整流管		
	B	NPN 型,锗材料	L	整流堆		
	C	PNP 型,硅材料	S	隧道管		
	D	NPN 型,硅材料	K	开关管		
	E	化合物材料	X	低频小功率晶体管 $(f_T<3\text{MHz},P_T<1\text{W})$		
			G	高频小功率晶体管 $(f_T\geqslant3\text{MHz},P_T<1\text{W})$		
			D	低频大功率晶体管 $(f_T<3\text{MHz},P_T\geqslant1\text{W})$		
			A	高频大功率晶体管 $(f_T\geqslant3\text{MHz},P_T\geqslant1\text{W})$		
			T	闸流管		
			Y	体效应管		
			B	雪崩管		
			J	阶跃恢复管		

2.4.2　半导体二极管

二极管按材料可分为硅管和锗管两种;按结构可分为点接触型和面接触型;按用途可分为整流管、稳压管、检波管和开关管等。

1. 常用二极管的类型

（1）整流二极管

整流二极管主要用于整流电路,即把交流电变换成脉动的直流电。整流二极管为面接触型,其结电容较大,因此工作频率范围较窄(3kHz 以内)。常用的型号有 2CZ 型、2DZ 型和 1N4007(国外型号)等,还有用于高压和高频整流电路的高压整流管,如 2CGL 型、DH26 型、2CL51 型等。

（2）检波二极管

检波二极管主要作用是把高频信号中的低频信号检出,为点接触型,其结电容小,一般为锗管。检波二极管常采用玻璃外壳封装,主要型号有 2AP 型和

1N4148(国外型号)等。

(3) 稳压二极管

稳压二极管也叫稳压管,它是用特殊工艺制造的面接触型硅半导体二极管,其特点是工作于反向击穿区,实现稳压;其被反向击穿后,当外加电压减小或消失,PN 结能自动恢复而不至于损坏。稳压管主要用于电路的稳压环节和直流电源电路中,常用的有 2CW 型和 2DW 型。

(4) 变容二极管

变容二极管是利用 PN 结加反向电压时,PN 结相当于一个结电容,反偏电压越大,PN 结的绝缘层加宽,其结电容越小。如 2CB14 型变容二极管,当反向电压在 3~25V 区间变化时,其结电容在 20~300F 之间变化。它主要用在高频电路中起自动调谐、调频、调相等作用,如在彩色电视机的高频头中作电视频道的选择。

2. 常用二极管的选用常识

应根据用途和电路的具体要求来选择二极管的种类、型号及参数。

选用检波管时,主要使其工作频率符合要求。常用的有 2AP 系列,还可用 2AK 型锗开关管代用。用锗高频晶体管的发射结进行检波的效果较好,因其发射结结电容很小。

选择整流二极管时主要考虑其最大整流电流和最高反向工作电压是否满足要求,常用的硅桥(硅整流组合管)为 QL 型。

在修理电子电路时,当损坏的二极管型号一时找不到,可考虑用其他二极管代用。代换的原则是弄清原二极管的性质和主要参数,然后换上与其参数和效果相当的其他型号二极管。如检波二极管,只要代换二极管的工作频率不低于原型号就可以使用。

3. 二极管的测试

(1) 普通二极管的测试

普通二极管外壳上均印有型号和标记。标记方法有箭头、色点和色环三种。箭头所指方向或靠近色环的一端为二极管的负极,有色点的一端为正极。若型号和标记脱落时,可用万用表的欧姆挡进行判别。普通二极管测试时依据的主要原理是二极管的单向导电性,其反向电阻远远大于正向电阻。测试具体过程如下。

① 判别极性:将万用表选在 $R \times 100$ 或 $R \times 1k$ 挡,两表笔分别接二极管的两个电极。若测出的电阻值较小(硅管为几百到几千欧,锗管为 $100\Omega \sim 1k\Omega$),说明是正向导通,此时黑表笔接的是二极管的正极,红表笔接的则是负极;若测

出的电阻值较大(几十千欧至几百千欧),为反向截止,此时红表笔接的是二极管的正极,黑表笔为负极。

② 检查好坏:可通过测量正、反向电阻来判断二极管的好坏。一般小功率硅二极管正向电阻为几百至几千欧,锗管约为 $100\Omega\sim1k\Omega$。

③ 判别硅、锗管:若不知被测的二极管是硅管还是锗管,可根据硅、锗管的导通压降不同的原理来判别。将二极管接在电路中,当其导通时,用万用表测其正向压降,硅管一般为 $0.6\sim0.7V$,锗管为 $0.1\sim0.3V$。

(2) 稳压管的测试

① 极性的判别:与普通二极管的判别方法相同。

② 检查好坏:将万用表置于 $R\times10k$ 挡,黑表笔接稳压管的"-"极,红表笔接"+"极,若此时的反向电阻很小(与使用 $R\times1k$ 挡时的测试值相比较),说明该稳压管正常。因为万用表 $R\times10k$ 挡的内部电压都在 9V 以上,可达到被测稳压管的击穿电压,使其阻值大大减小。

2.4.3　晶体管

晶体管又称双极型晶体管,是一种电流控制型器件,最基本的作用是放大。它具有体积小、结构牢固、寿命长和耗电省等优点,被广泛应用于各种电子设备中。

1. 晶体管的种类

晶体管按材料与工艺可分为硅平面管和锗合金管;按结构可分为 NPN 型与 PNP 型;按工作频率可分为低频管和高频管;按用途可分为电压放大管、功率管和开关管等。

有些晶体管的壳顶上标有色点,作为 β 值(电流放大系数)的色点标志,为晶体管的选用带来了极大的便利,其分挡标志如下:

$$0\sim15\sim25\sim40\sim55\sim80\sim120\sim180\sim270\sim400\sim600$$

棕　红　橙　黄　绿　蓝　紫　灰　白　黑

2. 晶体管的测试

常用的小功率管有金属外壳封装和塑料封装两种,可直接观测出三个电极 e、b、c。但并不是只看出三个电极就说明管子的一切问题,仍需进一步判断管型和管子的好坏。一般可用万用表的 $R\times100$ 挡和 $R\times1k$ 挡来进行判别。

(1) 基极和管型的判断

将黑表笔任接一极,红表笔分别依次接另外两极。若在两次测量中表针均偏转很大(说明管子的 PN 结已通,电阻较小),则黑笔接的电极为 b 极,同时该管为 NPN 型;反之,将表笔对调(红表笔任接一极),重复以上操作,则也可确定管子的 b 极,其管型为 PNP 型。

(2)管子好坏的判断

若在以上操作中无一电极满足上述现象,则说明管子已坏。也可用万用表的 hFE 挡来进行判别。当管型确定后,将晶体管插入 NPN 或 PNP 插孔,将万用表置于 hFE 挡,若 hEF(β)值不正常(如为零或大于 300),则说明管子已坏。

3. 场效应晶体管的类型与检测方法

场效应晶体管(FET)又称单极型晶体管,它属于电压控制型半导体器件,其特点是输入电阻很高($10^7 \sim 10^{15} \Omega$)、噪声小、功耗低、无二次击穿现象、受温度和辐射影响小,特别适用于要求高灵敏度和低噪声的电路。场效应晶体管和晶体管一样都能实现信号的控制和放大,但由于它们的构造和工作原理截然不同,所以二者的差别很大。在某些特殊应用方面,场效应晶体管优于晶体管,是晶体管所无法替代的。

(1)场效应晶体管的分类

场效应晶体管分为结型(JEST)和绝缘栅型(MOS)。结型场效应晶体管又分为 N 沟道和 P 沟道两种;绝缘栅型场效应晶体管除有 N 沟道和 P 沟道之分外,还有增强型与耗尽型之分。

(2)场效应晶体管和晶体管的比较

场效应晶体管和晶体管二者的比较情况如表 2-11 所示。

表 2-11　晶体管与场效应晶体管的比较

项　　目	器　　件	
	晶　体　管	场效应晶体管
导电机构	既用多子,又用少子	只用多子
导电方式	载流子浓度扩散及电场漂移	电场漂移
控制方式	电流控制	电压控制
类型	PNP、NPN	P 沟道,N 沟道
放大参数	$\beta = 50 \sim 100$ 或更大	$g_m = 1 \sim 6ms$
输入电阻/Ω	$10^2 \sim 10^4$	$10^7 \sim 10^{15}$
抗辐射能力	差	在宇宙射线辐射下,仍能正常工作
噪声	较大	小
热稳定性	差	好
制造工艺	较复杂	简单,成本低,便于集成化

从表 2-11 可以看出以下几点。

① 场效应晶体管靠多子导电,管中运动的只是一种极性的载流子;晶体管既用多子,也用少子。由于多子浓度不易受外因的影响,因此在环境变化较强烈的场合,采用场效应晶体管比较合适。

② 场效应晶体管的输入电阻高,适用于高输入电阻的场合。场效应晶体管的噪声系数小,适用于低噪声放大器的前置级。

（3）场效应晶体管的主要参数

直流参数主要有夹断电压 $U_{GS(off)}$、开启电压 $U_{GS(th)}$ 和饱和漏极电流 I_{DSS}；交流参数主要有低频跨导 g_m 和极间电容等；极限参数包括最大耗散功率 P_{DM}、漏源击穿电压 $U_{(BR)DS}$ 和栅源击穿电压 $U_{(BR)GS}$ 等,可查阅有关晶体管手册。

（4）场效应晶体管的选择和使用

① 选择场效应晶体管要适应电路的要求：当信号源内阻高,希望得到好的放大作用和较低的噪声系数时,当信号为超高频和要求低噪声时,当信号为弱信号且要求低电流运行时,当要求作为双向导电的开关时,都可以优先选用场效应晶体管。

② 使用场效应晶体管应注意的事项：结型场效应晶体管的栅源电压不能反接,但可以在开路状态下保存。MOS 场效应晶体管在不使用时,必须将各极引线短路。焊接时,应将电烙铁外壳接地,以防止由于烙铁带电而损坏管子。不允许在电源接通的情况下拆装场效应晶体管。

结型场效应晶体管可用万用表定性检查管子的质量,而绝缘栅型场效应晶体管则不能用万用表检查,必须用测试仪,测试仪需有良好的接地装置,以防止绝缘栅击穿。

在输入电阻较高的场合使用时应采取防潮措施,以免输入电阻降低。陶瓷封装的芝麻管,具有光敏特性,应注意使用。

（5）场效应晶体管的测试

下面以结型场效应晶体管（JFET）为例说明有关测试方法。

① 电极的判别。根据 PN 结的正、反向电阻值不同的现象可以很方便地判别出结型场效应晶体管的 G、D、S 极。

方法一：将万用表置于 $R\times1k$ 挡,任选两电极,分别测出它们之间的正、反向电阻。若正、反向的电阻相等（约几千欧）,则该两极为漏极 D 和源极 S（结型场效应晶体管的 D、S 极可互换）,余下的则为栅极 G。

方法二：用万用表的黑表笔任接一个电极,另一表笔依次接触其余两个电极,测其阻值。若两次测得的阻值近似相等,则该黑表笔接的为栅极 G,余下的两个为 D 极和 S 极。

② 放大倍数的测量。将万用表置于 $R\times 1k$ 或 $R\times 100$ 挡,两只表笔分别接触 D 极和 S 极,用手靠近或接触 G 极,此时表针右摆,且摆动幅度越大,放大倍数越大。对 MOS 管来说,为防止栅极击穿,一般测量前先在其 G、S 极间接一只几兆欧的大电阻,然后按上述方法测量。

③ 判别 JFET 的好坏。检查两个 PN 结的单向导电性,PN 结正常,说明管子是好的,否则为已损坏。测漏、源极的电阻 R_{DS},应约为几千欧;若 $R_{DS}\to 0$ 或 $R_{DS}\to\infty$,则管子已损坏。测 R_{DS} 时,用手靠近栅极 G,表针应有明显摆动,摆幅越大,管子的性能越好。

2.5　表面安装元器件和材料

表面安装元器件的结构、尺寸和包装形式都与传统的元器件不同,表面安装元器件的发展趋势是元器件尺寸逐渐小型化。

片状元器件的尺寸是以四位数字来表示的,前面两位数字代表片状元器件的长度,后面两位数字代表片状元器件的宽度。例如 1005 表示这个片状元器件的长度为 1.0mm,宽度为 0.5mm。片状元器件的尺寸变化过程为:3225→3216→2520→2125→2012→1608→0805→0603,目前最小尺寸的极限产品为 0603,该产品已经面世。

2.5.1　表面安装元器件

按照表面安装元器件的功能分类,可以分成无源元器件、有源元器件和机电元器件。按照表面安装元器件的形状分类,主要有薄片矩形、扁平封装、圆柱形和其他形状。

在表面安装元器件中使用最广泛、品种规格最齐全的是电阻和电容。它们的外形结构、标识方法以及性能参数都和普通的安装元器件有所不同,在选用时应注意其差别。

1. 表面安装电阻

(1) 矩形片状电阻

矩形片状电阻的结构和外形如图 2-9 所示,基片大都采用陶瓷(Al_2O_3)制成,具有较好的机械强度和电绝缘性。电阻膜采用 RuO_2 制作的电阻浆料印制在基片上,再经过烧结制成。由于 RuO_2 的成本较高,近年来又开发出一些低成本的电阻浆料,如氮化系材料(TaN-Ta)、碳化物系材料(WC-W)和 Cu 系材料。

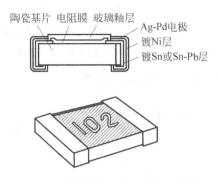

图 2-9 矩形片状电阻的结构和外形

　　在电阻膜的外面有一层保护层,采用玻璃浆料印制在电阻膜上,经过烧结成釉状,所以片状元器件看起来都亮晶晶的。

　　矩形片状电阻的额定功率系列有 1、1/2、1/4、1/8、1/16、1/32,单位是 W。矩形片状电阻的阻值范围在 $1\Omega \sim 8M\Omega$ 之间,有各种规格。电阻值采用数码法直接标在元器件上,阻值小于 10Ω 用 R 代替小数点,例如 8R2 表示 8.2Ω,0R 为跨接片,电流容量不超过 2A。

　　按照日本工业标准(JIS),片状电阻尺寸分成 7 个标准,有公制和英制两种代码,即 1105(0402)、1608(0603)、2012(0805)、3216(1206)、3225(1210)、5025(2010)、6432(2512)。括号内的尺寸是英制,括号外的尺寸是公制,目前常用的是英制。在目前的应用中,0603、0805 型号用得最多,1206 用得渐少,而 0402 用得渐多,1206 以上的用得极少。

　　有些生产工厂仅用英制尺寸代码的后两位数来表示,如 03、05、06 分别表示0603、0805 及 1206 这些尺寸代码,如图 2-10 所示。

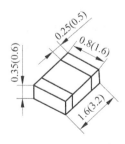

图 2-10 矩形片状电阻的外形尺寸(mm)

　　片状电阻一般都是编带包装,片状电阻的焊接温度要控制在 (235 ± 5)℃,焊接时间为 (3 ± 1)s,最高焊接温度不得超过 260℃。

（2）圆柱形电阻

圆柱形电阻的结构如图 2-11 所示,可以认为这种电阻是普通圆柱形长引线电阻去掉引线,将两端改为电极的产物,其外形与普通电阻类似。圆柱形电阻可分为碳膜和金属膜两大类,价格便宜,它的额定功率有 $\frac{1}{10}$W、$\frac{1}{8}$W、$\frac{1}{4}$W 三种,对应规格分别为 $\phi1.1\text{mm}\times2.0\text{mm}$、$\phi1.5\text{mm}\times3.5\text{mm}$、$\phi2.2\text{mm}\times5.9\text{mm}$,体积大的功率也大,其标志采用常见的色环标志法,参数与矩形片状电阻相近。

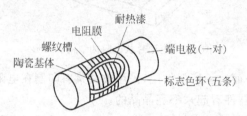

图 2-11　圆柱形表面安装电阻的结构

与矩形片状电阻相比,圆柱形固定电阻的高频特性差,但噪声和三次谐波失真较小,因此,多用在音响设备中。矩形片状电阻一般用于电子调谐器和移动通信等频率较高的产品中,可提高安装密度和可靠性。

（3）片状跨线电阻

片状跨线电阻也称为零阻值电阻,专门用作跨接线,以便于使用 SMT 设备装配。片状跨线电阻器的尺寸及代码与矩形片状电阻相同,其特点是允许通过的电流大,如 0603 为 1A,0805 以上为 2A。另外,该类电阻的电阻值并不为零,一般在 30mΩ 左右,最大值为 50mΩ,因此,它不能用于不同地线之间的跨接,以免造成不必要的干扰。

（4）片状电位器

片状电位器采用玻璃釉作为电阻体材料,其特点是体积小,一般为 $4\text{mm}\times5\text{mm}\times2.5\text{mm}$;质量轻,仅 $0.1\sim0.2\text{g}$;高频特性好,使用频率可超过 80MHz;阻值范围宽,为 $10\Omega\sim2\text{M}\Omega$;额定功率有 $\frac{1}{20}$W、$\frac{1}{10}$W、$\frac{1}{8}$W 等几种。

2. 表面安装电容

表面安装电容器中使用最多的是多层片状陶瓷电容,其次是铝和钽电解电容,有机薄膜电容和云母电容用得较少。表面安装电容器的外形同电阻一样,也有矩形片状和圆柱形两大类。

（1）片状电容器的容量和允差标注方法

片状电容器的容量标注一般由两位组成，第一位是英文字母，代表有效数字，第二位是数字，代表 10 的指数，电容单位为 pF，具体含义如表 2-12 所示。

表 2-12　片状电容的标记

字母	A	B	C	D	E	F	G	H	I	K	L	M	N
有效数字	1	1.1	1.2	1.3	1.5	1.6	1.8	2	2.2	2.4	2.7	3	3.3
字母	P	Q	R	S	T	U	V	W	X	Y	Z		
有效数字	3.6	3.9	4.3	4.7	5.1	5.6	6.2	6.8	7.5	8.2	9.1		
字母	a	b	c	e	f	m	n	t	y				
有效数字	2.5	3.5	4	4.5	5	6	7	8	9				

例如，一个电容器标注为 K2，查表可知 K＝2.4，2 代表 10^2，那么这个电容器的标称值为 $2.4 \times 10^2 \mathrm{pF} = 240 \mathrm{pF}$。

有些片状电容器的容量采用 3 位数，单位为 pF。前两位为有效数字，第三位数为加的零数。若有小数点，则用 P 表示。如 1P5 表示 1.5pF，10P 表示 10pF 等。允差用字母表示，C 为 ±0.25pF，D 为 ±0.5pF，F 为 ±1%，J 为 ±5%，K 为 ±10%，M 为 ±20%，I 为 20%～80%。

（2）常见片状电容器

① 片状多层陶瓷电容器

片状多层陶瓷电容器又称片状独石电容，是片状电容器中用量大、发展最为迅速的一种。若采用的介质材料不同，其温度特性、额定工作电压及工作温度范围亦不同。内部为多层陶瓷组成的介质层，两端头由多层金属组成。电容器的温度特性由介质决定。

② 片状铝电解电容器

由于铝电解电容器是以阳极铝箔、阴极铝箔和衬垫材卷绕而成，所以片状铝电解电容器基本上是由小型化铝电解电容器加了一个带电极的底座构成的。卧式结构是将电容器横放，它的高度尺寸小一些，但占印制板面积较大。一般铝电解电容器仅适用于低频，目前一些 DC/DC 转换器的工作频率可达几百千赫到几兆赫，则可选用三洋公司商标为 DS-CON 的有机半导体铝固体电解电容器，它具有较好的频率特性，但价格较贵。

③ 片状钽电解电容器

片状钽电解电容以高纯钽粉为原料，与黏合剂混合后，将钽引线埋入，加压成型，然后在 1800～2000℃ 的真空中燃烧，形成多孔性的烧结体作为阳极。片状钽电解电容使用硝酸锰发生电解反应,将烧结体表面固体二氧化锰作为阴极。在二氧化锰上涂覆石墨层或银的合金层,最后封焊阳极和阴极端子。

片状钽电解电容的参数:耐压为 4～50V,电容量为 $0.1\mu F$～470pF,常用的电容量范围为 1～$100\mu F$,耐压范围为 10～25V;工作温度范围为 40～±125℃;允差为 ±10%～±20%。片状钽电解电容器的顶面有一条黑色线,是正极性标志,顶面上还有电容容量代码和耐压值。

片状钽电解电容器的尺寸比片状铝电解电容器小,并且性能好,如漏电小、负温性能好、等效串联电阻(ESR)小、高频性能优良,所以应用越来越广泛。除用于消费类电子产品外,还应用于通信、电子仪器、仪表、汽车电器和办公室自动化设备等,但价格要比片状铝电解电容器贵。

3. 表面安装电感

片状电感可分为小功率电感器和大功率电感器两类。小功率电感器主要用于视频及通信方面(如选频电路、振荡电路等);大功率电感器主要用于 DC/DC 转换器(如储能元件或 LC 滤波元器件)。

(1) 片状电感器电感量的标注方法

小功率电感量的代码有 nH 及 μH 两种单位,分别用 N 或 R 表示小数点。例如,4N7 表示 4.7nH,4R7 则表示 $4.7\mu H$;10 表示 10nH,而 $10\mu H$ 则用 10R 来表示。

大功率电感上有时印上 680K、220K 字样,分别表示 $68\mu H$ 和 $22\mu H$。

(2) 常见片状电感器

小功率片状电感器有三种结构:绕线片状电感器、多层片状电感器、高频片状电感器。

① 绕线片状电感器

绕线片状电感器是用漆包线绕在骨架上做成的有一定电感量的元器件。根据不同的骨架材料、不同的匝数而有不同的电感量及 Q 值。它有三种结构:A 类是内部有骨架绕线、外部有磁性材料屏蔽经塑料模压封装的结构;B 类是用长方形骨架绕线而成(骨架有陶瓷骨架或铁氧体骨架之分),两端头供焊接用;C 类为工字形陶瓷、铝或铁氧体骨架,焊接部分在骨架底部。

A 类结构有磁屏蔽,与其他电感元件之间相互影响小,可高密度安装。B 类尺寸最小,C 类尺寸最大。绕线型片状电感器的工作频率主要取决于骨架材料。例如,采用空心或铝骨架的电感器是高频电感器,采用铁氧体的骨架则为中、低频电感器。

高频电感器(用于 UHF 段)的电感量较小,一般为 1.5～100nH;用于

VHF 段、HF 段的电感器电感量根据不同骨架尺寸为 $0.1\sim1000\mu H$（或更大）。电感量的允差一般有 J 级（$\pm5\%$）、K 级（$\pm10\%$）、M 级（$\pm20\%$）。工作温度范围为 $25\sim85℃$。

② 多层片状电感器

多层片状电感器是用磁性材料采用多层生产技术制成的无绕线电感器。它采用铁氧体膏浆及导电膏浆交替层叠并采用烧结工艺形成的整体单片结构，有封闭的磁回路，所以有磁屏蔽作用。多层片状电感器的特点：尺寸可做得极小，最小的尺寸为 $1mm\times0.5mm\times0.6mm$；具有很高的可靠性；由于有良好的磁屏蔽，无电感器之间的交叉耦合，可实现高密度。多层片状电感器适用于音频/视频设备、电话及通信设备。

③ 高频（微波）片状电感器

高频（微波）片状电感器是在陶瓷基片上采用精密薄膜多层工艺技术制成的，具有较高的电感精度（$\pm2\%$ 及 $\pm5\%$），可应用于无线通信设备中。该电感器的主要特点是寄生电容小、自振频率高（例如，8.2nH 的电感器，其自振频率大于 2GHz）。

大功率片状电感器都是绕线型的，主要用于 DC/DC 转换器中，用作储能元件或大电流 LC 滤波元件（降低噪声电压输出）。它以方形或圆形工字型铁氧体为骨架，采用不同直径的漆包线绕制而成。

4. 表面安装半导体器件

片状半导体器件有片状二极管、片状晶体管、场效应晶体管、各种集成电路及敏感半导体器件。

（1）片状二极管

片状二极管主要有整流二极管、快速恢复二极管、肖特基二极管、开关二极管、稳压二极管、瞬态抑制二极管、发光二极管、变容二极管和天线开关二极管等。它们在小型电子产品及通信设备中得到了广泛的应用。

① 片状整流二极管

整流一般指的是将工频（50Hz）交流变成脉动直流，常用的是 1N4001～1N4007 系列 1A，$50\sim1000V$ 整流二极管（圆柱形玻封或塑封）。选择片状整流二极管有两个主要参数：最高反向工作电压（峰值）U_R 和额定正向整流电流（平均值）I_F。为减小印制板面积并简化生产，开发出片状桥式整流器，常用的有 $U_R=200V$，$I_F=1A$ 的全桥，如图 2-12 所示。

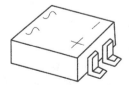

图 2-12　片状桥式整流器

② 片状快速恢复二极管

在电子产品的高频整流电路、开关电源 DC/DC 转换器、脉冲调制解调电路、变频调速电路、UPS 电源或逆变电路中,由于工作频率高(几十千赫到几百千赫),一般的整流二极管(它只能用于 3kHz 以下)不能使用,需要使用片状快速恢复二极管。它的主要特点是反向恢复时间小,一般为几百纳秒。当工作频率更高时,采用超快速恢复二极管,它的反向恢复时间为几十纳秒。

片状快速恢复二极管反向峰值电压可达几百伏到几千伏,常用的正向平均电流可达 0.5～3A。当工作频率大于 1000MHz 时,则需要采用肖特基二极管。

③ 片状肖特基二极管

片状肖特基二极管最大的特点是反向恢复时间短,一般可达到 10ns 以下(有的可达 4ns 以下),工作频率在 1GHz～3THz 范围。正向压降一般在 0.4V 左右(与电流大小有关),但反向峰值电压小,一般小于 100V(有些仅几十伏,甚至有的还小于 10V)。它的正向额定电流范围从 0.1A 至几安。大电流的肖特基二极管是面接触式,主要用于开关电源、DC/DC 转换器中。还有小电流点接触式的用于微波通信中(称为肖特基势垒二极管,反向恢复时间小于 1ns)。它不仅适用于数字电路或脉冲电路的信号钳位,还可在自控、遥控和仪器仪表中用作译码、选通电路,在通信中用作高速开关、检波和混频,在电视和调频接收机中作频道转换开关二极管或代替锗检波二极管 2AP9,性能良好、稳定可靠,并且价格不高。

④ 片状开关二极管

片状开关二极管的特点是反向恢复时间很短,高速开关二极管的反向恢复时间小于等于 4ns(如 1N4148),而超高速开关二极管则小于等于 1.6ns(如 1SS300)。另外,它的反向峰值电压不高,一般仅为几十伏;正向平均电流也较小,一般仅为 100～200mA。

片状开关二极管主要用于开关、脉冲、高频电路和逻辑控制电路中。由于片状 1N4148 高速开关二极管尺寸小、价格便宜,也可用作高频整流或小电流低频整流及并联于继电器作保护电路。

⑤ 片状稳压二极管

片状稳压二极管的主要参数有稳定电压值和功率。常用的稳定电压值为 3～30V,功率为 0.3～1W。低电压(如 2～3V)的稳压特性很差,一般也没有 2V 以下的稳压二极管。

⑥ 片状瞬态抑制二极管(TVS)

片状瞬态抑制二极管用作电路过电压(瞬时高压脉冲)保护器,目前主要用于通信设备、仪器、办公用设备及家电等。它的工作原理和稳压二极管相同,有高压干扰脉冲进入电路时,与被保护电路并联的片状瞬态抑制二极管反向击穿而钳位于电路不损坏的电压上。与普通稳压二极管的不同之处是它有很大面积的 PN 结,可以耗散大能量的瞬态脉冲,瞬时高达几十或上百安培电流,响应时间快(可达 $1×10^{-12}$ s)。它有单向和双向两种结构。

⑦ 片状发光二极管(LED)

片状发光二极管可以显示红、绿、黄、橙、蓝(蓝色的管压降为 3～4V)等颜色,它的结构有带反光镜的、带透镜的;有单个的及两个 LED 封装在一起的结构(一红、一绿为多数);有普通亮度的结构、高亮度的及超高亮度的结构;还有将限流电阻做在 LED 中的结构,外部无须再接限流电阻(可节省空间)。

⑧ 片状变容二极管

片状变容二极管是一个电压控制器件,通常用于振荡电路,与其他元器件一起构成 VCO(压控振荡器)。在 VCO 电路中,主要利用它的结电容随反偏电压变化而变化的特性,通过改变变容二极管两端的电压便可改变变容二极管电容的大小,从而改变振荡频率。片状变容二极管在手机电路中得到了广泛的应用。

(2) 片状晶体管

片状晶体管及片状场效应晶体管是由传统引线式晶体管及场效应晶体管发展而来的,管心相同,仅封装不同,并且大部分沿用引线式的型号。为增加安装密度,进一步减小印制板尺寸,开发出了一些新型晶体管,如场效应晶体管、带阻晶体管、组合晶体管等。近年来,通信系统的频率越来越高,又开发出不少通信专用晶体管,如砷化镓微波晶体管及功放管等。

① 片状晶体管的型号识别。我国晶体管型号是以 3A～3E 开头,美国是以 2N 开头,日本是以 2S 开头,目前市场上 2S 开头的型号占多数。欧洲对晶体管的命名方法是用 A 或 B 开头(A 表示锗管,B 表示硅管);第二部分用 C、D、F 或 L 表示(C 表示低频小功率管,F 表示高频小功率管,D 表示低频大功率管,L 表示高频大功率管),用 S 和 U 分别表示小功率开关管和大功率开关管;第三部分用 3 位数表示登记序号,如 BC87 表示硅低频小功率晶体管。还有一些晶体管型号是由生产厂家自己命名的(厂标),是不标准的。例如,摩托罗拉公司生产的晶体管是以 M 开头的。如在一个封装内带有两个偏置电阻的 NPN 晶体管,其型号为 MUN2211T1。相应的 PNP 晶体管为 MUN2111T1(型号中 T1 也是该公司的后缀)。

② 片状三极管及场效应晶体管

a. 片状带阻晶体管

片状带阻晶体管是在晶体管芯片上做一个或两个偏置电阻,这类晶体管以日本生产为多,各厂的型号各异。这类晶体管在通信装置中应用最为普遍,可以节省空间。

　　b. 片状场效应晶体管

　　与片状晶体管相比,片状场效应晶体管具有输入阻抗高、噪声低、动态范围大、交叉调制失真小等特点。片状场效应晶体管分结型场效应晶体管(JFET)和绝缘栅场效应晶体管(MOSFET)。JFET 主要用于小信号场合;MOSFET 既可用于小信号场合,也可用于功率放大或驱动的场合。可见,场效应晶体管的外形结构与晶体管十分相似,应注意区分,场效应晶体管的 G、S、D 极分别相当于晶体管的 b、e、c 极。

　　片状 JFET 在 VHF/UHF 射频放大器中应用的有 MMBFJ309LT1 型(N沟道,型号代码为 6U),在通用小信号放大器中应用的有 MMBF54S7LT1 型(N沟道,型号代码为 M6E)等。它们常用作阻抗变换或前置放大器等。

　　片状 MOSFET 的最大特点是具有优良的开关特性,其导通电阻很低,一般为零点几欧到几欧姆,小的仅为几毫欧到几十毫欧,所以自身管耗较小,小尺寸的片状器件却有较大的功率输出。目前应用较广的是功率 MOSFET(常用作驱动器)、DC/DC 转换器、伺服/步进电动机控制、功率负载开关、固态继电器、充电器控制等。

　　(3) 片状集成电路

　　随着半导体工艺的不断改进,特别是便携式电子产品的迅猛发展,促使片状集成电路有了长足的进步。片状集成电路绝不仅是封装形式的改变,而且是不断地降低自身的损耗来提高效率,以达到最大限度节能的目的。

　　片状集成电路的封装有小型封装和矩形封装两种形式。小型封装有 SOP和 SOJ 两种封装形式,这两种封装电路的引脚间距大多为 1.17mm、1.0mm 和0.76mm。其中 SOJ 占用印制板的面积更小,应用较为广泛。矩形封装有 QFP和 PLCC 两种封装形式,PLCC 比 QFP 更节省电路板的面积,但其焊点的检测较为困难,维修时拆焊更困难。此外,还有 COB 封装,即通常所称的“软黑胶”封装。它是将 IC 芯片直接粘在印制电路板上,通过芯片的引脚实现与印制板的连接,最后用黑色的塑胶包封。

　　片状集成电路与传统集成电路相比具有引脚间距小、集成度高的优点,广泛用于家电及通信产品中。

　　目前常用的双列扁平封装集成电路的引线间距有 1.27mm 和 0.8mm 两种,引线数为 8~32 条,最新的引线间距只有 0.76mm,引线数可达 56 条。

　　针栅阵列(PGA)与焊球阵列(BGA)封装是针对集成电路引线增多、间距缩小、安装难度增加而另辟蹊径的一种封装形式。它让众多拥挤在器件四周的引线排列成阵列,引线均匀分布在集成电路的底面。采用这种封装形式使集成电路在引线数很多的情况下,引线的间距也不必很小。针栅阵列封装通过插座与印制板电路连接,用于可更新升级的电路,如台式计算机的 CPU 等,阵列的间距一般为 2.54mm,引线数为 52～370 条或更多。焊球阵列封装则直接将集成电路贴装到印制板上,阵列间距为 1.5mm 或 1.27mm,引线数为 72～736 条或更多。在手机、笔记本电脑和快译通的电路里,多采用这种封装形式。

板载芯片封装即通常所称的"软封装",它是将集成电路芯片直接粘在 PCB 板上,同时将集成电路的引线直接焊到 PCB 的铜箔上,最后用黑塑胶包封。这种封装形式成本最低,主要用于民用电子产品,例如各种音乐门铃所用的芯片都采用这种封装形式。

2.5.2　表面安装的其他材料

1. 黏合剂

常用的黏合剂有三种不同的分类方式:按材料分为环氧树脂、丙烯酸树脂及其他聚合物黏合剂;按固化方式分为热固化、光固化、光热双固化及超声波固化黏合剂;按使用方法分为丝网漏印、压力注射和针式转移所用的黏合剂。

2. 焊锡膏

焊锡膏由焊料合金粉末和助焊剂组成,简称焊膏。焊膏由专业工厂生产,使用者应掌握选用方法。

(1)焊膏的活性:根据 SMB 的表面清洁度确定,一般可选中等活性级,必要时选无活性级、高活性级或超活性级。

(2)焊膏的黏度根据涂覆法选择,一般液料分配器用 100～200Pa·s,丝印用 100～300Pa·s,漏模板印刷用 200～600Pa·s。

(3)焊料粒度选择:图形越精细,焊料粒度应越高。

(4)电路采用双面焊时,板两面所用的焊膏熔点应相差 30～40℃。

(5)电路中含有热敏感元器件时应选用低熔点焊膏。

3. 助焊剂和清洗剂

SMT 对助焊剂的要求和选用原则基本上与 THT 相同,只是更严格,更有针对性。

SMT 的高密度安装使清洗剂的作用大为增加,至少在免清洗技术尚未完全成熟时,还离不开清洗剂。

目前常用的清洗剂有两类:CFC-133(三氟三氯乙烷)和甲基氯仿,在实际使用时,还需加入乙醇酯、丙烯酸酯等稳定剂,以改善清洗剂的性能。

清洗方式除了浸注清洗和喷淋清洗外,还可用超声波清洗、气相清洗等方法。

思考与复习题

1. 什么是电阻?它有哪些重要参数?

2. 什么是电容?它有哪些主要参数?有何作用?

3. 什么是电感?它有哪些主要参数?

4. 写出下列标有色环的标称阻值和误差,并指出其标识方法。

(1) 红黄绿金棕;(2) 棕绿黑棕棕;(3) 橙蓝黑黑棕;(4) 黄紫绿金棕

5. 电阻、电容、电感的主要标志方法有哪几种?

第**3**章　焊接工艺

在电子产品的装配过程中,焊接是一种主要的连接方法,是一项重要的基础工艺技术,也是一种基本的操作技能。在电子产品制造过程中的每个阶段,都要考虑和处理与焊接有关的问题。本章主要介绍焊接的基本知识以及锡铅焊接的方法、操作步骤与要求等,同时对其他焊接进行简单介绍。

3.1　焊接的基本知识

焊接是使金属连接的一种方法。它利用加热等手段,在两种金属的接触面,通过焊接材料的原子或分子的相互扩散作用,使两金属间形成一种永久的牢固结合。利用焊接的方法进行连接而形成的接点称为焊点。

3.1.1　焊接的分类及特点

1. 焊接的分类

焊接通常分为熔焊、钎焊和接触焊三大类。

(1)熔焊:利用加热被焊件,使其熔化产生合金而焊接在一起的焊接技术。如气焊、电弧焊、超声波焊等。

(2)钎焊:用加热熔化成液态的金属,把固体金属连接在一起的方法。在钎焊中起连接作用的金属材料称为焊料。作为焊料的金属,其熔点低于被焊接的金属材料。钎焊按焊料熔点的不同可分为硬焊(焊料熔点高于450℃)和软焊(焊料熔点低于450℃)。

(3)接触焊:一种不用焊料与焊剂即可获得可靠连接的焊接技术。如点焊、碰焊等。

2. 锡焊的特点

采用锡铅焊料进行的焊接称为锡铅焊,简称锡焊,它属于软焊。锡焊是最早得到广泛应用的一种电子产品的布线连接方法。当前,虽然焊接技术发展很快,但锡焊在电子产品装配中仍占连接技术的主导地位。锡焊与其他焊接方法相比具有如下特点。

(1)焊料熔点低,适用范围广。锡焊属于软焊,焊料熔化温度在180～320℃之间。除含有大量铬和铝等合金的金属材料不宜采用锡焊焊接外,其他金属材料大都可以采用锡焊焊接,因而适用范围很广。

(2)焊接方法简便,易形成焊点。锡焊焊点是利用熔融的液态焊料的浸润作用而形成的,因而对加热量和焊料都无须有精确的要求,就可形成焊点。例如使用手工焊接工具电烙铁进行焊接就非常方便,且焊点大小允许有一定的自由度,可以一次形成焊点。若用机器进行焊接,还可以成批形成焊点。

(3)成本低廉,操作方便。锡焊比其他焊接方法成本低,焊料价格也便宜。焊接工具(电烙铁)简单,操作方便,而且整修焊点、拆换元器件以及重新焊接都很方便。

(4)焊接设备比较简单,容易实现焊接自动化。因焊料熔点低,有利于浸焊、波峰焊和再流焊的实现,便于与生产流水线配制,实现焊接自动化。

3. 焊接的方法

随着焊接技术的不断发展,焊接方法也在发展,如在手工焊接的基础上出现了自动焊接技术,即机器焊接,同时无锡焊接(如压接、绕接等)也开始在电子产品装配中采用。

(1)手工焊接

手工焊接是采用手工操作的传统焊接方法,根据焊接前接点的连接方式不同,手工焊接有绕焊、钩焊、搭焊、插焊等不同方式。

绕焊:将被焊元器件的引线或导线缠绕在接点上进行焊接。它的焊接强度最高,应用最广。高可靠整机产品的接点通常采用这种方法。

钩焊:将被焊接元器件的引线或导线钩接在眼孔中进行焊接。它适用于不便缠绕但又要求有一定机械强度和便于拆焊的接点上。

搭焊:将被焊接元器件的引线或导线搭在接点上进行焊接。它适用于易调整或改焊的临时焊点。

插焊:将导线插入洞孔形接点中进行焊接。它适用于插头座带孔的圆形插针、插孔及印制板的焊接。

（2）机器焊接

机器焊接根据工艺方法的不同,可分为浸焊、波峰焊和再流焊。

浸焊:将装好元器件的印制板在熔化的锡锅内浸锡,一次完成印制板上全部焊接点的焊接。浸焊主要用于小型印制板电路的焊接。

波峰焊:采用波峰焊机一次完成印制板上全部焊接点的焊接。波峰焊目前已成为印制板焊接的主要方法。

再流焊:利用焊膏将元器件粘在印制板上,加热印制板后使焊膏中的焊料熔化,一次完成全部焊接点的焊接。再流焊目前主要应用于表面安装的片状元件的焊接。

3.1.2 焊接机理

通过焊接,金属为什么会接合到一起? 以锡焊为例,焊接过程可分为三个变化阶段:熔融焊料在被焊金属表面的润湿阶段;熔融焊料在被焊金属表面的扩散阶段;接触面上产生合金层的阶段。

1. 润湿作用

作为焊接的第一阶段,焊料必须在被焊接的金属表面上充分铺开,该过程即为润湿。为使熔融的焊锡能润湿固体金属表面,清洁的金属表面是焊接不可缺少的重要条件。

熔融焊锡对固体金属表面的润湿如图 3-1 所示。从本质上说,熔融焊锡在金属表面的扩展范围与作用在界面间的表面张力有关。表面张力是液体的表面分子,因受到聚合力的作用而被拉向液体内部,成为最大收缩状态(表面积最小的形状)时所发生的,体积中表面积最小的形状为球形。在固体金属表面放置熔融焊锡,则产生下述表面张力:

F_L:熔融焊料的表面张力;

F_S:固体金属与焊剂界面的表面张力;

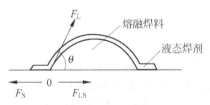

图 3-1　熔融焊锡在固体金属表面的润湿

F_{LS}：固体金属与焊料界面的表面张力。

根据力的三角形图形有

$$F_S = F_{LS} + F_L \cos\theta$$

式中，θ 为熔锡与固体金属面的接触角（又称润湿角）。由此可得

$$\cos\theta = \frac{F_S - F_{LS}}{F_L}$$

从接触角 θ 的大小可以衡量焊料对被焊金属表面的润湿程度，随着表面张力大小的变化，θ 值可以在 $0°\sim180°$ 之间变化。当 $\theta < 90°$ 时，润湿；$\theta > 90°$ 时，不润湿；$\theta \rightarrow 0°$ 时，完全润湿；$\theta \rightarrow 180°$ 时，完全不润湿。一般来说，θ 在 $20°\sim30°$ 之间就可认为是良好的润湿。

2. 扩散作用

在焊接过程中，发生润湿现象的同时，还伴有扩散现象，从而形成界面层或合金层。因晶格中金属原子进行着热运动，当温度足够高时，某些原子就会由原来的位置转移到其他的晶格，该现象叫扩散。

在焊接过程中，扩散速度和扩散量与温度和时间有关，扩散形成的合金层的成分和厚度取决于母材与焊料间的金属性质、焊剂的物理及化学性质、焊接工艺条件等。正常锡焊及其合金层位置如图 3-2(a) 所示，合金层是锡焊中极其重要的结构层，没有合金层或合金量太少，将会出现虚焊、假焊，如图 3-2(b) 所示。

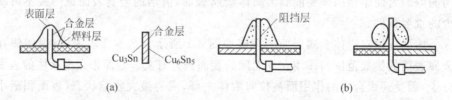

图 3-2　锡焊中的合金层

(a) 正常焊接的合金层；(b) 虚假焊合金层

3. 界面层的凝固与结晶

焊接后，焊料开始冷却，在焊料和母材金属界面上形成的合金层称为界面层。冷却时，界面层首先以适当的合金状态开始凝固，形成金属结晶。然后结晶向未凝固的焊料方向生长，最后形成焊点。

以印制电路板上的焊点为例，其结构如图 3-3 所示。

由图 3-3 可知，焊点结构主要分为以下四部分。

（1）母材：指被锡焊的金属。在电子产品中，母材就是元器件引线材料及

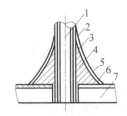

图 3-3　焊点的结构示意图

1—母材；2—镀层；3—合金层；4—焊料层；5—表面层；6—铜箔；7—基板

印制板铜箔。

（2）合金层：是母材与焊料之间形成的金属化合物层。

（3）焊料层：通常是锡铅焊料。

（4）表面层：它产生于不同的工艺条件，可能是焊剂层、氧化层或涂敷层。

3.1.3　焊点形成的必要条件

（1）被焊金属材料应具有良好的可焊性

可焊性是指被焊接的金属材料与焊锡在适当的温度和助焊剂的作用下，形成良好结合的能力。铜是导电性能良好和易于焊接的金属材料，常用的元器件引线、导线以及焊盘等大多采用铜材制成。除铜外，具有可焊性的金属还有金、银、铁、镍等，但它们不如铜应用广泛。

（2）被焊金属材料表面应清洁

为使熔融焊锡能良好地润湿固体金属表面，其重要条件之一就是被焊金属表面要清洁，从而使焊锡与被焊金属表面原子间的距离最小，彼此间充分吸引扩散，形成合金层。

（3）助焊剂使用要适当

助焊剂是一种略带酸性的易溶物质，它在加热熔化时可溶解被焊金属表面的氧化物及污垢，使焊接界面清洁，有助于熔化的焊锡润湿金属表面，从而使焊锡与被焊金属牢固地接合。助焊剂的性能一定要适合于被焊接金属材料的焊接性能。

（4）焊料的成分和性能要适应焊接要求

焊料的成分和性能应与被焊接金属材料的可焊性、焊接温度、焊接时间、焊点的机械强度相适应，以达到易焊和牢固的目的。另外，还应注意焊料中所含杂质对焊接的不良影响。

（5）焊接要有适当的温度

焊接时,将焊料和被焊金属加热到焊接温度,才能使熔化的焊料在被焊金属表面润湿扩散并形成金属化合物。因此,要保证焊点牢固,一定要有适当的焊接温度。

（6）要有适当的焊接时间

焊接时间是指在焊接过程中进行物理和化学变化所需要的时间。它包括被焊金属材料达到焊接温度的时间、焊锡熔化的时间、助焊剂发生作用并生成金属化合物的时间等几部分。焊接时间的长短应适当,过长会损坏焊接部位或元器件,过短则达不到焊接要求。

3.2 焊料及焊剂

3.2.1 焊料

在电子工业生产中,使用的焊料绝大多数是锡铅焊料,俗称焊锡。焊料中的主要成分是锡和铅,另外还含有一定量熔点比较低的其他金属,如锌、锑、铜、铋、铁、镍等,它们在不同程度上影响着焊料的性能。

1. 锡铅焊料的优点

（1）熔点低。焊接温度过高,除影响电子元器件的性能外,也对操作人员的工作环境提出了较高的要求,而锡铅焊料的熔点最低仅为183℃,这样可以很方便地用电烙铁在244℃以下进行焊接。

（2）抗蚀性能好。锡和铅的化学稳定性好,抗大气腐蚀能力强,而锡铅合金的抗腐蚀性能更好,甚至可以抵御潮湿度较高的大气腐蚀。焊料的抗蚀性能好,就能保证电子设备,特别是国防所需的设备（如雷达、通信设备等）能在高低温、潮湿和盐雾等恶劣环境条件下可靠地工作。

（3）与铜及其合金的钎焊性能好。锡铅焊料能与它们形成合金,接头牢固,并具有足够的机械强度。

（4）凝固快。焊接冷却时,焊点上的熔融焊料迅速固化,因其凝固速度快,有利于焊点的成型,同时也便于焊接操作。焊料固化期间,液态和固态焊料同时并存,焊料的流动性因温度下降而迅速降低,此时任何小的震动都会引起焊料出现裂纹,产生不可靠的焊点。

（5）成本低。因锡铅焊料比其他焊料价格低,有利于电子产品成本的降低。

（6）锡铅焊料具有良好的导电性。

2. 锡铅合金的状态图

锡：是一种质地柔软、富有延展性的银白色金属，熔点238.9℃，常温下不易氧化，化学性能稳定，抗大气腐蚀能力强。

铅：是一种较软的浅白色金属，熔点327℃，高纯度的铅耐大气腐蚀能力强，化学稳定性好。锡与铅形成合金后可以降低熔点，增大流动性，提高强度和抗冲击能力。根据锡和铅的不同配比，可以配制出不同性能的合金焊料，这可从如图3-4所示的锡铅合金的状态图中得到了解。所谓状态图就是把锡铅的配比与加热温度的关系绘制成金属状态变化的图形。图中 A 点（纯铅）、C 点（纯锡）和 B 点（易熔合金）是在单一温度下熔化的，而只有在这三点，焊料可直接由固体变为液体，或直接由液体变为固体。对于其他配比的合金则是在一个温度区域内熔化的，图中上限 ABC 线叫做液相线，下限 ADBEC 线叫做固相线。在这两个温度线之间为半液态区，焊料呈稠糊状。B 点称为共晶点，按共晶点配比配制的焊锡称为共晶焊锡。锡铅焊料共晶点处的配比为锡63％、铅37％，共晶点的温度为183℃。当焊料中含锡量高于63％时，熔点升高，焊料强度降低。

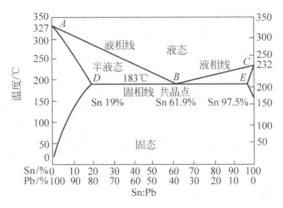

图 3-4　锡铅合金的状态图

当含锡量低于10％时，焊接强度差，接头发脆，焊料的润湿能力差。最理想的是共晶焊锡，采用共晶焊锡进行焊接具有如下优点：熔点低，减少了电子元器件或电路板等被焊物体受热损坏的机会。因共晶点处的焊锡可直接由液体变为固体，无须经过半液体状态，少了焊点冷却过程中因元器件松动而引起的虚焊现象。流动性好，铺展性好，表面张力小，提高了焊接合格率，其焊接抗拉强度和剪切强度也比其他配比的焊料高。正因为共晶焊锡具有以上的优点，所以应用非常广泛，市场上销售的焊锡大多是共晶焊锡。

3. 焊料中的杂质及其影响

在锡铅焊料中往往都含有锑、铜、铋等不纯物,这些杂质有些是生产过程中就存在的,有些则是因某种需要由制造厂家或使用单位掺入的。焊料中混入不同的杂质对焊接将造成的影响如表 3-1 所示。

表 3-1   焊料中的常见杂质及其影响

杂质成分	造成的影响
铜	会使焊料的熔点变高,流动性变差,对被焊的印制板组件容易产生桥接和拉尖缺陷。焊料中的铜成分主要来源于印制板焊盘和元器件引线,铜的含量允许在0.3%~0.5%左右
锌	焊料中熔入 0.001% 的锌就会对焊接质量产生影响,熔入 0.005% 时会使焊点表面失去光泽,焊料的铺展性和润湿性变差。焊接印制板容易产生桥接和拉尖
铝	焊料中只要熔入 0.001% 的铝,就开始出现不良影响,熔入 0.005% 的铝时,就可使焊接能力变差,焊料流动性变差,并产生氧化和腐蚀,使焊点出现麻点
镉	使焊料熔点下降,流动性变差,焊料晶粒变大且失去光泽
铁	使焊料熔点升高,难以熔接。如焊料中有 1% 的铁,焊料就焊不上,并且会使焊料带有磁性
铋	可使焊料熔点降低,机械性质变脆,冷却时产生龟裂
砷	可使焊料流动性增加,使表面变黑,硬度和脆性增加
磷	含少量磷可增加焊料的流动性,但对铜有腐蚀作用
银	在焊料中提高银的百分比率,可以改善焊料的性质。在共晶焊料中,增加 3% 的银,就可使熔点降为 177℃,且焊料的焊接性能、扩展焊接强度都有不同程序的提高
金	金熔解到焊料里,会使焊料表面失去光泽,质变脆

4. 焊料的选用

常用的锡铅焊料,因锡铅的比例及杂质金属的含量不同而分为多种型号,目前市场上锡铅焊料的型号标志,以焊料两字汉语拼音的第一个字母"HL"及锡铅两个基本元素的符号 SnPb,再加上元素含量的百分比(一般为含铅量的百分比)组成。例如:HLSnPb39 表示 Sn 占 61%、Pb 占 39% 的锡铅焊料。各种不同型号的焊料具有不同的焊接特性,应根据焊接点的不同要求选用。选用焊料时应从被焊金属材料的可焊性、焊接温度、焊接点的机械性能和导电性能等几个方面考虑。下面介绍几种不同情况下焊料的选用。焊接电缆护套铅管等,宜选用 HLSnPb68-2 型焊料。该焊料铅含量较高,可使焊接部位较柔软,耐酸性好。该焊料中含有一定量的锑,可增加焊接强度。焊接无线电元器件、安装导线、镀锌钢皮等,可选用 HLSnPb58-2 型焊料。该焊料成本较低,能满足一般焊接点的焊接要求。

手工焊接一般焊接点、印制电路板上的焊盘及耐热性能差的元器件和易熔金属制品,应选用 HLSnPb39 型焊料。该焊料熔点低,焊接强度高,焊料的熔化与凝固时间极短,使焊接时间缩短。

印制电路板的浸焊与波峰焊一般选用共晶焊锡。焊接时,随着焊接数量的增多,焊料中锡的含量逐渐减少,使焊料熔点升高。此时,可加入含锡量较大的焊料使焊料槽中含锡比例保持正常,保证焊接质量的一致性。一般保持锡的含量在 58%～62% 之间,铜的含量不超过 0.30% 焊接某些对温度十分敏感的元器件材料时,要选用低熔点的焊料。在锡铅焊料中加入铋、镉、锑等元素,可使焊料熔点降低,实现低温焊接。

3.2.2 焊剂

焊剂又称为助焊剂,与焊料不同,它主要用来增加润湿,帮助和加速焊接的进程,因而被广泛应用。采用助焊剂的优点是:提高焊接质量,保护电路板及铜箔表面不受损伤。

1. 助焊剂的作用

(1) 去除氧化物。助焊剂能溶解并去除金属表面的氧化物和其他污物。

(2) 防止焊锡在加热中的氧化。焊接过程中焊锡必须加热,而所有的金属在加热过程中几乎都会被氧化,助焊剂能在加热时包围金属表面,使金属与空气隔绝,防止因焊锡加热而引起的氧化。

(3) 降低焊锡的表面张力,有助于焊锡的润湿。

2. 助焊剂的种类

助焊剂大致可分为有机焊剂、无机焊剂和树脂型焊剂三大类。其中以松香为主要成分的树脂型焊剂,在电子产品生产中占有重要地位,成为专用型号的助焊剂。

(1) 无机助焊剂

无机助焊剂的化学作用强,有很强的活性,助焊性能好,但腐蚀性大。无机助焊剂的主要成分是氯化铵、氯化锌等的混合物,其熔点约在 180℃ 以下。无机助焊剂具有水溶性,除用水作溶剂外,还可用机油乳化后制造的焊油作溶剂。由于无机助焊剂腐蚀性强,所以在焊接中一般不提倡使用该焊剂,而只能在特定的场合使用,即使在使用后,还必须将焊接部位清洗干净。

（2）有机助焊剂

有机助焊剂由有机酸、有机类卤化物以及各种胺盐树脂类等合成。其化学作用缓和，有较好的助焊性能，腐蚀性小。但这种助焊剂仍有一定程度的腐蚀性，且残渣不易清洗干净，在焊接过程中，分解的溴化氢及胺类物质会污染空气。所以，有机助焊剂一般不单独使用，而是作为活化剂与松香一起使用。

（3）树脂型助焊剂

树脂型助焊剂的主要成分是松香。在加热条件下，松香具有去除被焊金属表面氧化物的能力，同时松香又是高分子物质，焊接后形成的膜层具有覆盖焊点，保护焊点不被氧化腐蚀的作用。松香无腐蚀性，无污染，绝缘性能较好，但活性差，为提高其活性，可适当加入活化剂。另外，松香化学稳定性差，在空气中易氧化和吸潮，残渣不易清洗，可用氢化松香代替。

3. 助焊剂的组成

助焊剂一般由活性剂、树脂、扩散剂、溶剂四部分组成。

（1）活性剂

活性剂是助焊剂的主要成分，其主要作用是在焊接时去除焊接表面的氧化膜，以保证焊接质量。

焊剂中的活性剂有溴化水杨酸、有机物盐酸盐、溴化氢酸、磷苯二甲酸等。它们的添加量约为 $2\% \sim 10\%$，虽然添加量越大焊接效果越好，但会使绝缘电阻变小，介质损耗、击穿电压和防腐蚀性能相应变差，因此，应根据需要恰当地选择活性剂的添加量。

（2）树脂

树脂的主要作用是保护金属表面和熔融的焊料不被氧化。最常用的是松香、氢化松香及其他热熔性的有机高分子化合物。树脂、活性剂以及活性剂的反应生成物熔化在一起，覆盖在施焊部位及周围的焊锡表面上，在几秒钟的焊接过程中起防止氧化的作用。在助焊剂中，随着树脂含量的增加，助焊剂的电绝缘性能、防腐性能会相应提高，但漫流面积（可焊性）会相应降低，因此，树脂的添加量应在 $2\% \sim 10\%$。

（3）扩散剂

扩散剂的作用是在焊接时使熔化的焊锡向四面扩散，深入焊缝，同时使部分树脂成薄膜状态，保护熔化的焊料表面不被氧化。扩散剂通常有甘油、硬脂酸、松节油之类的油脂和高价醇类。一般的活性剂也具有扩散性能，如三乙醇胺等。

（4）溶剂

溶剂的作用是将活性剂、树脂、扩散剂全部溶解为液态焊剂。溶剂有乙醇类、脂类、芳香族类、石油类及水等多种类型,一般使用廉价的乙醇类,也可根据加工过程的需要采用乙醇乙酯、苯、酮类等。

4. 助焊剂的选用

选用焊剂时优先考虑的因素是被焊金属材料的焊接性能及氧化、污染等情况,下面介绍如何以金属的焊接性能为依据选择焊剂。

铂、金、银、铜、锡等金属的焊接性能较强,为减少助焊剂对金属的腐蚀,多采用松香作助焊剂。焊接时,尤其是手工焊接时多采用松香焊锡丝。常用的HLSnPb39 焊锡丝就适合这些金属的焊接。

铅、黄铜、青铜、铍青铜及带有镍层金属材料的焊接性能较差,焊接时,应选用有机助焊剂。活性焊锡丝的芯由盐酸二乙胺等胺盐加松香组成,焊接时能减小焊料表面的张力,促进氧化物的还原作用,它的焊接能力比一般焊锡丝要好,但要注意焊后的清洗问题。

选用焊剂时,还要考虑焊接方式和焊剂的具体用途。对于手工烙铁焊接,可使用活性焊锡丝或固体焊剂和糊膏状焊剂,也可使用液体焊剂,但浓度相应大一些。电子元器件的浸锡处理主要用液体焊剂。印制板的浸焊、波峰焊一定要用液体焊剂。

3.2.3　阻焊剂

焊接中,特别在浸焊和波峰焊中,为提高焊接质量,需用耐高温的阻焊涂料,使焊料只在需要的焊点上进行焊接,而把不需要焊接的部位保护起来,起到一种阻焊作用,这种阻焊材料叫做阻焊剂。

1. 阻焊剂的优点

(1) 防止桥接、拉尖、短路以及虚焊等情况的发生,减少印制板的返修率,提高焊接质量。

(2) 因印制板面部分被阻焊剂覆盖,焊接时受到的热冲击小,降低了印制板的温度,使板面不易起泡、分层,同时也起到保护元器件和集成电路的作用。

(3) 除了焊盘外,其他部位均不上锡,这样可节约大量的焊料。

(4) 使用带有色彩的阻焊剂,可使印制板的板面显得整洁美观。

2. 阻焊剂的分类

阻焊剂按成膜方法,分为热固化型和光固化型两大类,即所用的成膜材料是加热固化还是光照固化。目前热固化阻焊剂被逐步淘汰,光固化阻焊剂被大量采用。热固化阻焊剂使用的成膜材料主要有酚醛树脂、环氧树脂、氨基树脂、醇酸树脂等。这些成膜材料一般都需要在 130～150℃加热固化。热固化阻焊剂具有价格便宜、粘接强度高的优点,但也具有加热温度高、时间长、印制板容易变形、能源消耗大、不能实现连续化生产等缺点。光固化阻焊剂使用的成膜材料是含有不饱和双键的乙烯树脂,包括不饱和聚酯树脂、丙烯酸(甲基丙烯酸)、环氧树脂、丙烯酸聚氨酸、不饱和聚酯、聚氨酯、丙烯酸酯等。光固化阻焊剂在高压汞灯下照射 2～3min 即可固化,因而可节约大量能源,提高生产效率,便于自动化生产。

3.3 手工焊接

手工焊接是焊接技术的基础,也是电子产品装配中的一项基本操作技能。手工焊接适用于小批量生产的小型化产品、一般结构的电子整机产品、具有特殊要求的高可靠产品、某些不便于机器焊接的场合,以及调试和维修过程中修复焊点和更换元器件等。下面主要介绍手工焊接的工具、手工焊接的操作方法和注意事项等。

3.3.1 焊接工具

电烙铁是手工焊接的基本工具,其作用是加热焊料和被焊金属,使熔融的焊料润湿被焊金属表面并生成合金。随着焊接的需要和发展,电烙铁的种类也不断增多,主要有外热式电烙铁、内热式电烙铁、恒温电烙铁、吸锡电烙铁等类型。

1. 外热式电烙铁

外热式电烙铁是应用广泛的普通型电烙铁,其外形及结构如图 3-5 所示。它由烙铁头、烙铁芯、外壳、木柄、后盖、电源线和插头等几部分组成。烙铁芯是用电阻丝绕在薄云母片绝缘筒子上,烙铁头安装在烙铁芯里面,故称外热式电烙铁。

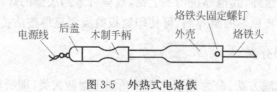

图 3-5 外热式电烙铁

外热式电烙铁一般有 20W、25W、30W、50W、75W、100W、150W、300W 等多种规格。功率越大，烙铁的热量越大，烙铁头的温度越高。焊接印制电路板时，一般使用 25W 电烙铁。如果使用的烙铁功率过大，温度太高，则容易烫坏元器件或使印制电路板的铜箔脱落；如果烙铁的功率太小，温度过低，则焊锡不能充分熔化，会造成焊点的不光滑，不牢固。所以对电烙铁的功率应根据不同的焊接对象，合理选用。外热式电烙铁的特点是：构造简单，价格便宜，但热效率低，升温慢，体积较大，烙铁的温度只能靠改变烙铁头的长短和形状来控制。其烙铁头的形状如图 3-6 所示。

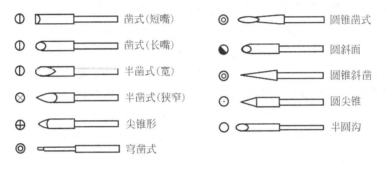

图 3-6　烙铁头的形状

2. 内热式电烙铁

内热式电烙铁的外形如图 3-7 所示，它由烙铁头、烙铁芯、连接杆、手柄几部分组成。烙铁芯采用镍铬电阻丝缠绕在瓷管上制成，在电阻丝外面套有高温瓷管。因烙铁芯装在烙铁头的里面，故称内热式电烙铁。内热式电烙铁的特点是：体积小、重量轻、升温快、耗电省、热效率高。但因烙铁芯的镍铬电阻丝较细，很容易烧断；另外，瓷管易碎，不耐敲击。

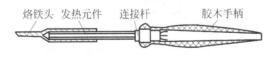

图 3-7　内热式电烙铁

内热式电烙铁的规格有 20W、30W、50W 等，主要用于印制电路板的焊接，是手工焊接半导体器件的理想工具。

3. 恒温电烙铁

恒温电烙铁的烙铁头温度可以控制，根据控制方式不同，分为电控恒温电烙铁和磁控恒温电烙铁两种。

电控恒温电烙铁采用热电偶来检测和控制烙铁头的温度。当烙铁头的温度低于规定值时,温控装置内的电子电路控制半导体开关元件或继电器接通,给电烙铁供电,使温度上升。当温度达到预定值时,控制电路就构成反动作,停止向电烙铁供电。如此循环往复,使烙铁头的温度基本保持一恒定值。电控恒温电烙铁是较好的焊接工具,但价格昂贵。

目前,采用较多的是磁控恒温电烙铁。它的烙铁头上装有一个强磁性体传感器,用以吸附磁芯开关(加热器的控制开关)中的永久磁铁来控制温度。需要升温时,通过磁力作用加热器的控制开关闭合,电烙铁就处于加热状态。当烙铁头温度上升到规定温度时,永久磁铁便因强磁性体传感器到达居里点而磁性消失,使控制开关的触点断开,停止向烙铁供电。一旦温度低于磁体传感器的居里点时,强磁体恢复磁性,重新为电烙铁供电。如此循环往复,使烙铁头的温度基本保持恒定。因恒温电烙铁采用断续加热,它比普通电烙铁节电二分之一左右,并且升温速度快。由于烙铁头始终保持恒温,在焊接过程中焊锡不易氧化,可减少虚焊,提高焊接质量。烙铁头也不会产生过热现象,使用寿命较长。

4. 吸锡电烙铁

在电子产品的调试与维修过程中,有时需要从印制电路板上拆下某个元器件。若采用普通的焊锡烙铁,有时往往因印制板焊点上的锡坨不易清除,而难以取下装在印制板上的器件,若采用吸锡电烙铁进行拆焊就非常方便。

吸锡电烙铁的外形如图 3-8 所示,与普通电烙铁相比,其烙铁头是空心的,而且多了一个吸锡装置。操作时,先加热焊点,待焊锡熔化后,按动吸锡装置,焊锡被吸走,使元器件与印制板脱焊。

图 3-8　吸锡电烙铁

3.3.2　手工焊接工艺

在电子产品装配中,要保证焊接的高质量相当不容易,因为手工焊接的质量受很多因素的影响和控制,因此,在掌握焊接理论知识的同时,还应熟练掌握焊接的操作技能。

1. 焊接操作方法

手工焊接的具体操作方法分为三工序法和五工序法。

三工序法的操作如图 3-9 所示。图 3-9(a)为准备阶段,右手拿电烙铁,烙铁头上应熔化少量焊锡(吃锡),左手拿焊锡丝,烙铁头和焊锡丝同时移向焊接点,处于随时可焊接状态。图 3-9(b)为加热焊接部位并熔化焊锡,在焊接点的两侧,同时放上烙铁头和焊锡丝,并熔化适量焊料。图 3-9(c)为烙铁头和焊锡丝的撤离,当焊料的扩散范围达到要求后,迅速撤离烙铁头和焊锡丝,焊锡丝的撤离要略早于烙铁头。

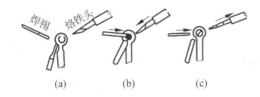

焊锡　烙铁头

(a)　　　(b)　　　(c)

图 3-9　手工焊接三工序法

五工序法的操作如图 3-10 所示。图 3-10(a)为准备阶段,烙铁头和焊锡丝同时移向焊接点。图 3-10(b)为加热焊接部位,把烙铁头放在被焊部位上进行加热。图 3-10(c)为放上焊锡丝,被焊部位加热到一定温度后,立即将左手中的焊锡丝放到焊接部位,熔化焊锡丝。图 3-10(d)为移开焊锡丝,当焊锡丝熔化到一定量后,迅速撤离焊锡丝。图 3-10(e)为移开烙铁,当焊料扩散到一定范围后,移开电烙铁。

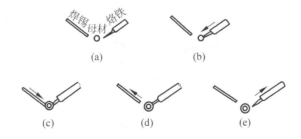

焊锡　母材　烙铁

(a)　　　　　　　(b)

(c)　　　　　(d)　　　　　(e)

图 3-10　手工焊接五工序法

2. 电烙铁的握法

根据电烙铁的大小、形状和被焊件的要求等不同情况,电烙铁的握法通常有正握法、反握法、笔握法三种形式,如图 3-11 所示。

　　图 3-11(a)为反握法,这种握法焊接时动作稳定,长时间操作手不易疲劳,适用于操作功率较大的烙铁。图 3-11(b)为正握法,适用于操作弯烙铁头的操作,或用直烙铁头在大型机架上的焊接。图 3-11(c)为笔握法,这种握法和手拿笔的握法相同,它适用于操作小功率烙铁。

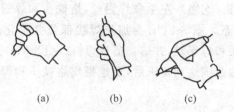

(a)　　　　　(b)　　　　　(c)

图 3-11　电烙铁的握法

3. 烙铁头的撤离法

　　烙铁头的主要作用是加热被焊件和熔化焊锡,不仅如此,合理利用烙铁头还可控制焊料量和带走多余的焊料,这与烙铁头撤离时的方向和角度有关,如图 3-12 所示。图 3-12(a)为烙铁头以斜上方 45°方向撤离,它可使焊点圆滑,烙铁头只能带走少量焊料;图 3-12(b)为烙铁头垂直向上撤离,容易造成焊点拉尖,烙铁头也能带走少量焊料;图 3-12(c)为烙铁头以水平方向撤离,烙铁头可带走大部分焊料;图 3-12(d)为烙铁头沿焊接面垂直向下撤离,烙铁头带走大部分焊料;图 3-12(e)为烙铁头沿焊接面垂直向上撤离,烙铁头只带走少量焊料。可见,掌握烙铁头的撤离方向,能控制焊料量或吸去多余焊料,从而使焊点焊料量符合要求。

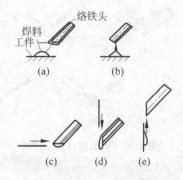

图 3-12　烙铁头的撤离方向与焊料量的关系

4. 焊接注意事项

（1）烙铁头的温度要适当。若烙铁头的温度过高,熔化焊锡时,焊锡中的焊剂会迅速熔化,并产生大量烟气,其颜色很快变黑;若烙铁头的温度过低,则焊锡不易熔化,会影响焊接质量。一般烙铁头的温度控制在使焊剂熔化较快又不冒烟时的温度。

（2）焊接时间要适当。焊接的整个过程从加热被焊部位到焊锡熔化并形成焊点,一般在几秒钟之内完成。如果是印制电路板的焊接,一般以 2～3s 为宜。焊接时间过长,焊料中的焊剂就完全挥发,失去助焊作用,使焊点表面氧化,会造成焊点表面粗糙、发黑不光亮等缺陷。同时焊接时间过长、温度过高还容易烫坏元器件或印制板表面的铜箔。若焊接时间过短,又达不到焊接温度,焊锡不能充分熔化,影响焊剂的润湿,易造成虚假焊。

（3）焊料和焊剂的使用要适当。手工焊接使用的焊料一般采用焊锡丝,因其本身带有一定量的焊剂,焊接时已足够使用,故不必再使用其他焊剂。焊接时还应注意焊锡的使用量,不能太多也不能太少。焊锡使用过多,焊点太大,影响美观,而且多余的焊锡会流入元器件管脚的底部,可能造成管脚之间的短路或降低管脚之间的绝缘;若焊锡使用得过少,易使焊点的机械强度降低,焊点不牢固。

（4）焊点凝固过程中不要触动焊点。焊点形成并撤离烙铁头以后,焊点上的焊料尚未完全凝固,此时即使有微小的振动也会使焊点变形,引起虚焊。因此在焊点凝固的过程中不要触动焊接点上的被焊元器件或导线。

5. 拆焊

在电子产品的调试、维修工作中,常需要更换一些元器件。更换元器件的前提,首先应将需更换的元器件拆焊下来。若拆焊的方法不当,就会造成印制电路板或元器件的损坏。对于一般电阻、电容、晶体管等引脚不多的元器件,可以采用电烙铁直接进行分点拆焊。方法是一边用烙铁加热元器件的焊点,一边用镊子或尖嘴钳夹住元器件的引线,轻轻地将其拉出来,如图 3-13 所示。但这种方法不宜在一个焊点上多次使用,因印制导线和焊盘经过反复加热以后很容易脱落,造成印制板的损坏。当需要拆下有多个焊点且引线较硬的元器件时,采用分点拆焊就较困难。在拆卸多个引脚的集成电路或中周等元器件时,一般有以下几种方法。

（1）采用专用工具

采用如图 3-14 所示的专用烙铁头或拆焊专用热风枪等专用工具,可将所有焊点同时加热熔化后取出插孔,对表面安装元件热风枪拆焊更有效。专用工具拆焊速度快,使用方便,不易损伤元器件和印制板的铜箔。

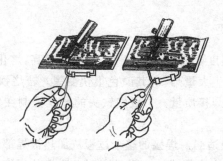

图 3-13　分点拆焊示意图

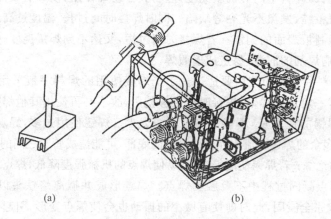

(a)　　　　　　　　　　(b)

图 3-14　拆焊专用工具

(a) 专用烙铁头；(b) 热风枪

（2）采用吸锡烙铁或吸锡器

吸锡烙铁或吸锡器对于拆焊元器件是很实用的，并且使用该工具不受元器件种类的限制。但拆焊时必须逐个焊点除锡，效率不高，而且要及时清除吸入的锡渣。吸锡器与吸锡烙铁拆焊原理相似，但吸锡器自身不具备加热功能，它需要与烙铁配合使用。拆焊时先用烙铁对焊点进行加热，待焊锡熔化后再使用吸锡器除锡。

（3）用吸锡材料

在没有专用工具或吸锡烙铁时，可采用屏蔽线编织层、细铜网以及多股导线等吸锡材料进行拆焊。操作方法是，将吸锡材料浸上松香水贴到待拆焊点上，用烙铁头加热吸锡材料，经吸锡材料传热使焊点熔化。熔化的焊锡被吸附在吸锡材料上，取走吸锡材料后焊点即被拆开，如图 3-15 所示。该方法简便易行，且不易损坏印制板；其缺点是拆焊后的板面较脏，需要用酒精等溶剂擦拭干净。

图 3-15 用吸锡材料拆焊

3.4 自动焊接技术

为提高电子产品的生产效率,先后出现了浸焊、波峰焊等自动焊接技术,这些焊接技术比手工焊接效率高、操作简单。我国自 20 世纪 60 年代初引进自动焊接技术以来,自动焊接技术得到迅速发展,目前,在电子产品生产中,自动焊接技术已非常普遍。

3.4.1 浸焊

浸焊是将插装好元器件的印制电路板浸入有熔融状态焊料的锡锅内,一次完成印制板上所有焊点的焊接。浸焊比手工焊接生产效率高,操作简单,适于批量生产,但浸焊的焊接质量不如手工焊接和波峰焊,补焊率较高。手工浸焊的操作过程如下。

1. 锡锅加热

浸焊前应先将装有焊料的锡锅加热,焊接温度控制在 240～260℃ 为宜,温度过高,会造成印制板变形,损坏元器件;温度过低,焊料的流动性变差,会影响焊接质量。为去掉焊锡表面的氧化层,可随时添加松香等焊剂。

2. 涂敷焊剂

在需要焊接的焊盘上涂一层助焊剂,一般是在松香酒精溶液中浸一下。

3. 浸焊过程

用简单夹具夹住印制板的边缘,浸入锡锅时让印制板与锡锅内的锡液成 30°～45° 的倾角,然后将印制板与锡液保持平行浸入锡锅内,浸入的深度以印制板厚度的 50%～70% 为宜,浸焊时间约为 3～5s,浸焊完成后仍按原浸入的角度缓慢取出,如图 3-16 所示。

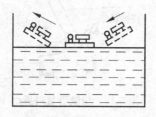

图 3-16　浸焊示意图

4. 冷却

刚焊接完成的印制板上有大量余热未散,如不及时冷却可能会损坏印制板上的元器件,所以一旦浸焊完毕应马上对印制板进行风冷。

5. 检查焊接质量

焊接后可能出现一些焊接缺陷,常见的缺陷有虚焊、假焊、桥接、拉尖等。表 3-2 所示为各种焊接缺陷的外形、特点、危害及焊接缺陷产生原因。

表 3-2　常见焊接缺陷及产生原因

焊点缺陷	外 观 特 点	危　　害	原 因 分 析
虚焊	焊锡与元器件引线或与铜箔之间有明显黑色界线,焊锡向界线凹陷	不能正常工作	① 元器件引线未清洁好,未镀好锡或被氧化 ② 印制板未清洁好,喷涂的助焊剂质量不好
焊料堆积	焊点结构松散,白色,无光泽	机械强度不足,可能虚焊	① 焊料质量不好 ② 焊接温度不够 ③ 焊锡未凝固时,元器件引线松动
焊料过多	焊料面呈凸形	浪费焊料,且可能包藏缺陷	焊丝撤离过迟
焊料过少	焊接面积小于焊盘的80%,焊料未形成平滑的过渡面	机械强度不足	① 焊锡流动性差或焊丝撤离过早 ② 助焊剂不足 ③ 焊接时间太短
松香焊	焊缝中夹有松香渣	强度不足,导通不良,有可能时通时断	① 焊剂过多或已失效 ② 焊接时间不足,加热不足 ③ 表面氧化膜未去除

续表

焊点缺陷	外观特点	危害	原因分析
过热	焊点发白,无金属光泽,表面较粗糙	焊盘容易剥落,强度降低	烙铁功率过大,加热时间过长
冷焊	表面呈豆腐渣状颗粒,有时可能有裂纹	强度低,导电性不好	焊料未凝固前焊料抖动
浸润不良	焊料与焊件交界面接触过大,不平滑	强度低,不通或时通时断	① 焊件清理不干净 ② 助焊剂不足或质量差 ③ 焊件未充分加热
不对称	焊锡未流满焊盘	强度不足	① 焊料流动性好 ② 助焊剂不足或质量差 ③ 加热不足
松动	导线或元器件引线可移动	导通不良或不导通	① 焊锡未凝固前引线移动造成空隙 ② 引线未处理好(浸润差或不浸润)
拉尖	出现尖端	外观不佳,容易造成桥接现象	① 助焊剂过少,而加热时间过长 ② 烙铁撤离角度不当
桥接	相邻导线连接	电气短路	① 焊锡过多 ② 烙铁撤离角度不当
针孔	目测或低倍放大镜可见有孔	强度不足,焊点容易腐蚀	引线与焊盘孔的间隙过大
气泡	引线根部有喷火式焊料隆起,内部藏有空洞	暂时导通,但长时间容易引起导通不良	① 引线与焊盘孔间隙大 ② 引线浸润性不良 ③ 双面板堵通孔焊接时间长,孔内空气膨胀
铜箔翘起	铜箔从印制板上剥离	印制板已被损坏	焊接时间太长,温度过高
剥离	焊点从铜箔上剥落(不是铜箔与印制板剥离)	断路	焊盘上金属镀层不良

6. 修补

浸焊后如果只有少数焊点有缺陷,可用电烙铁进行手工修补。若有缺陷的焊点较多,可重新浸焊一次。但印制板只能浸焊两次,超过这个次数,印制板铜箔的粘接强度就会急剧下降,或使印制板翘曲、变形,元器件性能变坏。

除手工浸焊外,还可使用机器设备浸焊。机器浸焊与手工浸焊的不同之处在于:浸焊时先将印制板装到具有振动头的专用设备上,让印制板浸入锡液并停留2~3s后,开启振动器,振动2~3s即可。这种焊接效果较好,并可振动掉多余的焊料,减少焊接缺陷,但不如手工浸焊操作简便。

7. 浸焊设备

浸锡设备用于焊接前对元器件引线、导线端头、焊片及接点等热浸锡。目前使用较多的有两种类型。

(1) 普通浸锡设备。这种设备是在一般锡锅的基础上加滚动装置及温度调整装置构成的。操作时,将待浸锡元器件先浸焊剂,再浸入锡锅。由于锡锅内的焊料不停地滚动,增强了浸锡效果。浸锡后要及时将多余的锡甩掉,或用棉纱擦掉。

有些浸锡设备配有传动装置,使排列好的元器件匀速通过锡锅,自动浸锡,这既可以提高浸锡的效率,又可以保证浸锡的质量。

(2) 超声波浸锡设备(超声波搪锡机)。超声波浸锡设备,是通过向锡锅辐射超声波来增强浸锡效果,适于一般锡锅浸锡较困难的元器件浸锡之用,其外形如图3-17所示。此设备由超声波发生器、换能器、水箱、焊料槽、加温控制设备等组成。

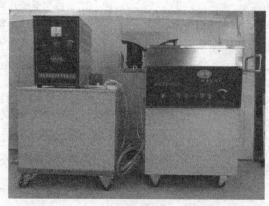

图3-17 超声波浸焊设备

3.4.2 波峰焊

波峰焊是采用波峰焊机一次完成印制板上全部焊点的焊接。波峰焊机的主要结构是一个温度能自动控制的熔锡缸,缸内装有机械泵和具有特殊结构的喷嘴。机械泵能根据焊接要求,连续不断地从喷嘴压出液态锡波,当印制板由传送机构以一定速度进入时,焊锡以波峰的形式不断地溢出至印制板面进行焊接。波峰焊接工艺流程为:焊前准备→涂焊剂→预热→波峰焊接→冷却→清洗。

1. 焊前准备

焊前准备主要是对印制板进行去油污处理、去除氧化膜和涂阻焊剂。

2. 涂焊剂

涂敷焊剂可利用波峰焊机上的涂敷焊剂装置,把焊剂均匀地涂敷到印制板上,涂敷的形式有发泡式、喷流式、浸渍式、喷雾式等,其中发泡式是最常用的形式。涂敷的焊剂应注意保持一定的浓度,焊剂浓度过高,印制板的可焊性好,但焊剂残渣多,难以清除;焊剂浓度过低,则可焊性变差,容易造成虚焊。

3. 预热

预热是给印制板加热,使焊剂活化并减少印制板与锡波接触时遭受的热冲击。预热时应严格控制预热温度。预热温度高,会使桥接、拉尖等焊接不良现象减少。预热温度低,对插装在印制板上的元器件有益。一般预热温度为 $70\sim90℃$,预热时间约 40s。印制板预热后可提高焊接质量,防止虚焊、漏焊。

4. 波峰焊接

印制板经涂敷焊剂和预热后,由传送带送入焊料槽,印制板的板面与焊料波峰接触,使印制板上所有的焊点被焊接好。波峰焊分为单向波峰焊和双向波峰焊,如图 3-18 所示为单向波峰焊。

图 3-19 所示为双向波峰焊接原理图,焊接时,焊接部位先接触第一个波峰,然后接触第二个波峰。第一个波峰是由高速喷嘴形成的窄波峰,它流速快,具有较大的垂直压力和较好的渗透性,同时对焊接面具有擦洗作用,提高了焊料的润湿性,克服了因元器件的形状和

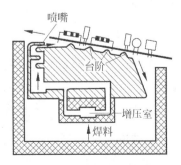

图 3-18 单向波峰焊示意图

取向复杂带来的问题。另外高速波峰向上的喷射力足以使焊剂气体排出,大大减少了漏焊、桥接和焊缝不充实等焊接缺陷,提高了焊接的可靠性。第二波峰是一个平滑的波峰,流动速度慢,有利于形成充实的焊缝,同时可有效地去除引线上过量的焊料,修正焊接面,消除桥接和虚焊,确保焊接的质量。

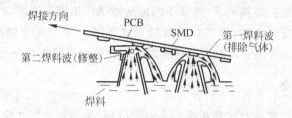

图 3-19　双波峰焊接原理图

为提高焊接质量,进行波峰焊接时应注意以下操作。

(1) 按时清除锡渣。熔融的焊料长时间与空气接触,会生成锡渣,从而影响焊接质量,使焊点无光泽,所以要定时(一般为 4 小时)清除锡渣。也可在熔融的焊料中加入防氧化剂,这不但可防止焊料氧化,还可使锡渣还原成纯锡。

(2) 波峰的高度。焊料波峰的高度最好调节到印制板厚度的 1/2～2/3 处,波峰过低会造成漏焊,过高会使焊点堆锡过多,甚至烫坏元器件。

(3) 焊接速度和焊接角度。传送带传送印制板的速度应保证印制板上每个焊点在焊料波峰中的浸渍有必需的最短时间,以保证焊接质量;同时又不能使焊点浸在焊料波峰里的时间太长,否则会损伤元器件或使印制板变形。焊接速度可以调整,一般控制在 0.3～1.2m/min 为宜。印制板与焊料波峰的倾角约为 6°。

(4) 焊接温度。一般指喷嘴出口处焊料波峰的温度,通常焊接温度控制在230～260℃之间,夏天可偏低一些,冬天可偏高一些,并随印制板材质的不同可略有差异。

5. 冷却

印制板焊接后,板面温度很高,焊点处于半凝固状态,轻微的震动都会影响焊接的质量,另外印制板长时间承受高温也会损伤元器件。因此,焊接后必须进行冷却处理,一般是采用风扇冷却。

6. 清洗

波峰焊接完成后,要对板面残存的焊剂等污物及时进行清洗,否则既不美观,又会影响焊件的电性能。其清洗材料要求只对焊剂的残留物有较强的溶解和去污能力,而对焊点不应有腐蚀作用。目前普遍使用的清洗方法有液相清洗法和气相清洗法两类。

（1）液相清洗法

液相清洗法一般采用工业纯酒精、汽油、去离子水等做清洗液。这些液体溶剂对焊剂残渣和污物有溶解、稀释和中和作用。清洗时可用手工工具蘸一些清洗液去清洗印制板,或用机器设备将清洗液加压,使之成为大面积的宽波形式去冲洗印制板。液相清洗法清洗速度快、质量好,有利于实现清洗工序自动化,只是设备比较复杂。

（2）气相清洗法

气相清洗法是在密封的设备里,采用毒性小、性能稳定、具有良好清洗能力、防燃防爆和绝缘性能较好的低沸点溶剂做清洗液,如三氯三氟乙烷。清洗时,溶剂蒸气在清洗物表面冷凝形成液流,液流冲洗掉清洗物表面的污物,使污物随着液流流走,达到清洗的目的。气相清洗法比液相清洗法效果好,对元器件无不良影响,废液的回收方便并可循环使用,减少了溶剂的消耗和对环境的污染,但清洗液价格昂贵。为保证焊点质量,不允许用机械的方法去刮焊点上的焊剂残渣或污物。

3.4.3　自动焊接工艺

自动焊接工艺可归纳为一次焊接和二次焊接两类。

1. 一次焊接

一次焊接的工艺流程为:焊前准备→涂焊剂→预热→焊接→冷却→清洗。

一次焊接工艺简单,设备成本低,操作和维修容易,适于批量不大、品种较多的电子产品生产。

2. 二次焊接

为提高整机产品的质量,采取二次焊接来提高焊接的可靠性和焊点的合格率。二次焊接包括浸焊和波峰焊两种焊接方法,因此二次焊接的类型有:浸焊-浸焊、浸焊-波峰焊、波峰焊-波峰焊、波峰焊-浸焊四种组合方式。常用的二次焊接的工艺流程为:焊前准备-涂敷焊剂-预热-浸焊、冷却-涂敷焊剂-预热-波峰焊、冷却-清洗。

可见,二次焊接是一次焊接的补充,采用二次焊接可对一次焊接中存在的缺陷进行完善和弥补,焊接可靠性高,但焊料的消耗较大,由于经过二次加热,对印制板的要求也较高。

3.5 表面安装技术

随着电子工业的发展,电子整机产品正朝着多功能、小型化、高可靠性方向发展。表面安装技术(SMT)正是为适应这种发展需要而出现的一种新型组装技术。它不是在印制板上打孔插装元器件,而是将表面安装形式的元器件直接贴装在印制基板上。它与传统的通孔插装技术相比,具有体积小、重量轻、可靠性高、成本低等一系列优点。它的出现动摇和冲击了传统的通孔插装技术,成为当今世界电子产品最先进的装配技术。目前,已在计算机、通信、军事、工业自动化、消费类电子产品等领域获得了广泛应用。

3.5.1 表面安装技术的特点

表面安装技术是把无引线或为短引线的小型化的表面安装元器件,直接贴装在印制板的焊接面上,印制板则不需要钻孔。电子产品采用表面安装技术后,与传统的通孔插装技术相比,具有如下优点。

(1) 体积小、质量轻、装配密度高

表面安装元器件的体积小、质量轻,无引线或为短引线,在进行安装时,不受引线间距、通孔间距的限制,并可在印制基板的两面安装,元器件之间的间隔也可缩小。故表面安装技术能实现高密度组装,与通孔插装技术相比可节约印制板面积 $60\% \sim 70\%$,质量可减轻 $70\% \sim 90\%$。

(2) 提高产品的可靠性

一方面,表面安装元器件本身的可靠性高,且印制板上无引线孔,采取直接贴装方式,使产品具有良好的耐机械冲击和耐振动能力;另一方面,采用了新的焊接工艺——再流焊,提高了焊接质量。另外表面安装元器件为无引线或短引线,使电路的信号路径缩短,分布参数大为减少,使电路的高频性能得以提高,进而提高了整机的性能。

3.5.2 自动 SMT 表面贴装设备

自动 SMT 表面贴装设备是在电路板上安装 SMT 表面贴装元器件的设备的总称,主要包括自动上料机、自动丝印机、自动滴胶机、自动贴片机、自动回流焊接机、自动下料机等设备。图 3-20 所示为成套 SMT 生产线示例。

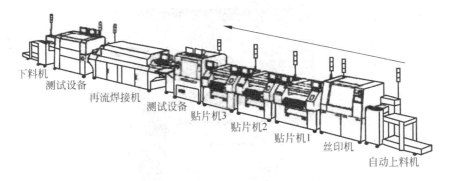

图 3-20　成套 SMT 生产线

（1）自动上料机和下料机分别完成预装电路板的加入和已焊电路板的输出。

（2）自动丝印机完成在被焊电路板的焊点处丝印一层焊膏（焊料）。新型自动丝印机采用电脑图像识别系统来实现高精度印刷；刮刀由步进电机无声驱动，容易控制刮刀压力和印层厚度。图 3-21 所示为 SEM-668 全视觉高精度自动丝印机。

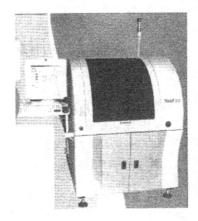

图 3-21　SEM-668 全视觉高精度自动丝印机

（3）自动点胶机用于在被焊电路板的贴片元器件安装处点滴胶合剂（红胶）。这种胶的作用是固定贴片元器件，它在烘烤后才会固化。图 3-22 所示为 DP20 高速自动点胶机。

（4）自动贴片机。贴片机是指各类能将贴片元件正确地贴装在电子整机印制电路板上的专用设备的总称。通常由微处理机根据预先编好的程序，控制机械手（真空吸头）将规定的贴片元器件贴装到印制板上预制位置（已滴红胶），并

图 3-22　DP20 高速自动点胶机

经烘烤使红胶固化,将贴片元器件固定。自动贴片机的贴装速度快、精度高。图 3-23 所示为韩国三星 CP-60L 高精度、高速贴片机。

图 3-23　韩国三星 CP-60L 高精度、高速贴片机

（5）自动再流焊接机。所谓再流焊又叫回流焊,是贴片元器件的主要焊接方法。目前,使用最广泛的回流焊接机是热风式回流焊接机。它采用优化的变流速加热区结构,在发热管处产生高速的热气流,在电路板处产生低速大流量气流,保证电路板和元器件受热均匀,又不容易使元器件移位。

思考与复习题

1. 什么是焊接？什么是锡接？简述锡焊的基本过程。
2. 焊料有何作用？在电子产品中,常用的焊料是哪种？为什么？
3. 什么是波峰焊？简述波峰焊的工艺流程。
4. 在焊接工艺中,为什么要使用清洗剂和阻焊剂？
5. 什么是表面安装技术？它有何优点？
6. 简述表面安装技术的工艺流程。

第**4**章　电子产品装配工艺

　　电子产品质量的好坏,决定着产品在市场上的竞争能力,也关系到企业的生存和发展。因此,生产高性能、高质量的产品已成为各生产厂家追求的目标。电子产品装配工艺就是以优质、高产、低耗为宗旨,用较合理的结构安排、最简化的工艺,实现整机的技术指标,快速有效地制造出稳定可靠的产品。本章将介绍电子产品的装配工艺过程。

4.1　装配工艺概述

　　电子产品装配是按照设计要求,将各种元器件、零部件、整件安装到规定的位置上,并组成具有一定功能的电子产品的过程。电子产品装配包括机械装配和电气装配两大部分,它是生产过程中一个极其重要的环节,优良的装配工艺既是生产高质量产品的前提,又是以最合理、最经济的方法实现产品性能指标的重要条件。

4.1.1　组装的内容和方法

1. 组装内容和级别

　　电子产品组装的主要内容包括:产品单元的划分,元器件的布局,元器件、线扎、零部件的加工处理,各种元器件、零部件的安装,整机总装等。组装过程中,根据组装单元的尺寸大小、复杂程度和特点的不同,可将电子产品的组装分成不同的等级,称之为电子产品的组装级。各组装级别及其特点如下。

　　第一级组装:又称为元件级组装。常指电路元器件、集成电路的组装,它是组装的最低级别,其特点是结构不可分割。

　　第二级组装:又称为插件级组装。常用于组装和互连第一级元器件,如装有元器件的印制电路板或插件等。

　　第三级组装：又称为底板级或插箱级组装。常用于安装和互连第二级组装的插件或印制电路板部件等。

　　第四级组装及更高级别的组装：又称为箱、柜级或系统级组装。它主要通过连接器及电缆互连第二、第三级组装，并构成独立的、具有一定功能的仪器或设备。对于系统级组装，若设备不在同一地点，则须用传输线或其他方式连接。图 4-1 为电子产品组装级别示意图。

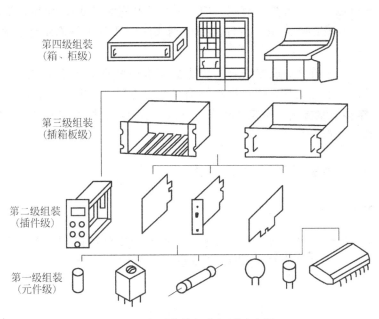

第四级组装
（箱、柜级）

第三级组装
（插箱板级）

第二级组装
（插件级）

第一级组装
（元件级）

图 4-1　电子产品组装级别示意图

2. 组装的特点

　　（1）组装工作通常是机械性的重复工作，但它包含安装技术、焊接技术、检验技术等多种技术成分，因而要求操作者具有一定的技术素质。

　　（2）组装工作人员必须经过严格的岗前培训，要求能识别元器件，熟悉工具的使用，掌握操作技能及质量要求。

　　（3）机械装配的操作质量一般只能用直观判断法，难以用仪器、仪表进行定量分析。例如控制旋钮的装配质量，常用手感的轻重进行鉴定。

3. 组装方法

　　电子产品的组装，应根据其工作原理、结构等特征采取相应的组装方法。通常按其组装原理可将电子产品的组装分为功能法、组件法、功能组件法等几种不同方式。

（1）功能法：将电子产品中具有某一功能的部分放在一个完整的结构部件内。这种方法使部件在功能和结构上都是完整的，从而给生产和维修带来方便。但不同的功能部件（如显示器、放大器、接收机等）有不同的结构外形、体积、尺寸，难以做出统一的规定，因而这种方法将降低整个设备的组装密度。

（2）组件法：它是为统一电气安装工作和提高安装密度而建立的组装法，用该方法制造的产品部件具有统一的外形尺寸和安装尺寸，因而比较规范，并使功能和结构具有某些余量。组件法可根据实际需要分为平面组件法和分层组件法。

（3）功能组件法：该方法兼顾功能法和组件法的特点，使制造出的部件既具有完整的功能性又具有规范化的结构尺寸。因微型电路的发展，对组装密度及功能、结构余量提出了更高的要求，因而微型电路的结构设计应同时遵循功能原理和组件原理。

4.1.2　组装工艺技术的发展

1. 发展进程

电子元器件和材料的发展促使电子产品不断更新，同时也伴随着工艺技术的飞速发展。从电气装配的角度，可将组装工艺技术的发展分为 5 个阶段，见表 4-1。

表 4-1　组装工艺技术发展阶段

项目 过程及内容	元 器 件	布 线	焊接材料	连接工艺	测 试
第一阶段	电子管，大型元器件	电线、电缆手工布线	锡铅焊料、松香焊料	电烙铁手工焊接，手工连接	通用仪器仪表人工测试
第二阶段	半导体二、三极管，小型和大型元件	单双面印制电路板布线	锡铅焊料、活性松香焊剂	手工插装，半自动插装，手工焊接，浸焊	通用仪器仪表人工测试
第三阶段	中、小规模集成电路，半导体二、三极管，小型元件	双面和多面印制电路板布线	锡铅焊料、膏状焊料、活性焊剂	自动插装、波峰焊和再流焊	数字式仪表，在线测试仪自动测试

续表

过程及内容 ＼ 项目	元 器 件	布 　 线	焊接材料	连接工艺	测 　 试
第四阶段	大规模集成电路,表面安装技术	高密度印制电路板,挠性印制电路板布线	膏状焊料	机械手插装和自动贴装,再流焊	智能式仪表,在线测试和计算机辅助测试
第五阶段	超大规模集成电路,复合表面安装元件	高密度印制电路板布线,元器件和基板一体化	膏状焊料	再流焊,微电子焊接	计算机辅助测试

2. 发展特点

（1）连接工艺的多样化。电子产品在生产制造中有多种连接方法,以电气连接为例,除焊接外,还采用压接、绕接、胶接等连接工艺。

（2）工装设备的改进。随着元器件集成度的提高,电子设备向小型化、自动化方向发展,从而促进了组装工具和设备的改进。如自动成型机具的广泛使用,大大提高了产品的生产效率和质量。

（3）检测技术的自动化。电子产品组装质量的检查和电性能的测试,正在向自动化方向发展。例如,用可焊性测试仪预先测定引线的可焊性水平,将达到要求的元器件进行焊接,剔除不符合焊接要求的元器件,从而提高生产效率;用计算机控制的在线测试仪,可快速正确地判断单板有无错插、漏插、搭焊等现象及其所在位置,克服了人工检查工作效率低、劳动强度大、差错率高的弊端;用计算机辅助测试仪(CAT)进行整机测试,可大大提高测试速度和精度。

（4）新工艺、新技术的应用。为提高产品质量、降低劳动强度、改善工作环境、适应生产规模的发展,在产品组装过程中,正在不断地采用新工艺、新技术和新材料。

4.1.3　整机装配工艺

1. 整机装配的工艺过程

整机装配的工艺过程就是依据设计文件的要求,按照工艺文件的工艺规程和具体要求,把元器件和零部件装配在印制电路板、机壳、面板等指定位置上,构成完整电子产品的过程,它分为装配准备、部件装配和整件装配三个阶段。根据产品复杂程度、技术要求、工人技能等实际情况的不同,整机装配的工艺也有所不同。一般大批量生产的中小型电子产品通常都在流水线上进行整机装配,通常的装配工艺过程如图 4-2 所示。

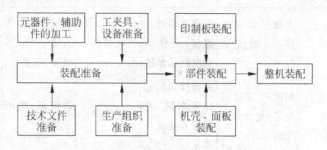

图 4-2　整机装配工艺过程

2. 流水线

流水线是按不同产品类型组织生产,并把一部整机的装接调试工作按装调的先后次序划分成若干简单操作,每一个操作工人在指定工位上完成指定作业的生产组织形式。机械化自动流水线通常由传送机构、控制机构和必要的工艺装置组成,其传送方式有直线式和圆环式两种。装调产品在流水线上的移动方式有多种,有的将装调产品放在工装板上,由各工序的操作工控制工装板的移动,该方式的时间限制不很严格;有的移动方式是利用传送带来运送产品,操作工将经本工序的产品从传送带上取下,按工艺要求完成装调后再放回传送带,进行下一个操作,因传送带是连续运转的,所以该方式的时间限制很严格。

为提高生产效率,确保流水线连续均衡地移动,工艺管理部门应合理编制工艺流程,使每道工序的操作时间(又称节拍)基本相等。按流水节拍的形式,可将流水线分为自由节拍和强制节拍两种形式。

3. 整机装配车间的组织形式

整机装配车间是按产品原则组建的,因产品的生产批量、技术要求及企业的设备场地、管理体制等情况会有所不同。以某收录机整机装配车间为例,其组织形式一般如图 4-3 所示。

车间应设有负责全面工作的车间主任,负责生产和技术的车间副主任。技术副主任协助车间主任负责技术、质量管理工作;生产副主任(一般兼调度员)协助车间主任负责落实生产计划和协调车间内各班组的工作。技术组具体落实车间工艺、技术、质量工作;仓库管理组负责物料的领、发和管理工作;各生产班组均设有班组长,负责本班组的生产组织工作。

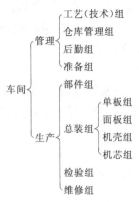

图 4-3　装配车间组织形式

4.2　装配的连接和组装工艺

4.2.1　整机的机械安装

机械安装是指用紧固件、胶粘剂将产品所需的元器件、零部件、整件等装接到规定部位,它是整机装配的主要内容之一。按装接方式不同,机械安装分为可拆卸连接与不可拆卸连接两种。可拆卸连接是指进行拆卸时不损伤任何零件的安装方法,如螺钉连接、柱销连接等;不可拆卸连接是指进行拆卸时会损伤零件或材料的安装方法,如铆接、胶粘连接等。下面分别介绍机械安装中常用的工具、紧固件以及常用安装工艺和基本要求。

1. 常用装配工具

(1) 尖嘴钳

尖嘴钳又称尖头钳,一般用来夹持小螺母、小零件,焊接时可用于夹持元器件的引线等。尖嘴钳分铁柄与绝缘柄、带刃口与不带刃口等几种不同类型。尖嘴钳钳身长度有 130mm、160mm、180mm、200mm 等几种,其中钳身长度为 160mm,带塑胶绝缘柄的尖嘴钳最常用。带有刃口的尖嘴钳能剪断细小金属丝,但尖嘴钳钳口较小,不能用它钳很大的物体或剪裁粗硬的金属丝,以防损坏。尖嘴钳的头部是经过淬火处理的,不要在锡锅或高温的地方使用,以保持钳头部分的硬度。

（2）平口钳

平口钳又称钢丝钳，可用于夹持和拧断金属薄板及金属丝等。在剪切钢丝时，应根据钢丝粗细合理选用不同规格的钢丝钳，使用时应将钢丝放在剪口根部，不要斜放或靠近腮边，以免崩口卷刃。

（3）镊子钳

镊子钳用于夹取小螺钉、小元件等细小物品，焊接时，可用于被焊物件的固定。选用镊子时，要求镊子的弹性好、弹力小，合拢时尖端要对正吻合。

（4）螺钉（母）旋具

螺钉旋具又称为螺丝刀、改锥或起子，用于紧固或拆卸螺钉。螺钉（母）旋具因用途、使用方法不同，其种类也各不相同。

① 一字形螺钉旋具

一字形螺钉旋具主要用于旋转一字槽形的机螺钉、木螺钉、自攻螺钉等。因一字螺钉的长短大小各异、槽口宽窄不同，故对应的一字螺钉旋具的长短、刃口宽窄也不同。装拆时应根据不同的螺钉选用相应规格的一字形螺钉旋具。

② 十字形螺钉旋具

十字形螺钉旋具用于旋转各类十字槽螺钉，其旋杆刃口为"十"字形。它与一字形"起子"外形相似，其长短、刃口大小也不相同，所以应合理选择旋杆刃口大小，使之与螺丝槽口相吻合。使用一字形或十字形等螺钉旋具时，将压力施加于槽孔四壁，同时使它始终保持垂直于安装孔的表面，用力要平稳，压与旋应同时进行。

③ 螺母旋具

螺母旋具用于装卸六角螺母，常用于紧固电位器、开关等，使用方法与螺钉旋具相同。

④ 多用途螺钉旋具

多用途螺钉旋具是一种组合工具，其柄部和旋杆可以随意拆卸，使用时可以根据不同的螺钉选择相应的螺杆，若装上套筒，可用来旋紧或拆卸螺母。

⑤ 机动螺钉旋具

常用机动螺钉旋具有电动和风动两大类，它们均属于多用途螺钉旋具，目前已广泛使用于流水生产线。机动螺钉旋具如图 4-4 所示。

电动螺钉旋具采用 24V 安全电压供电，电源上设有转速调节，每个电源一般可接两把电动旋具。根据紧固对象和紧固件的不同要求，应选择相应的旋杆，并调节电动旋具的力矩。

在进行整机机械安装时，除使用上述工具外，有时还需用到其他辅助工具（如锉刀、丝锥等）和计量工具（如游标卡尺、直尺等）。

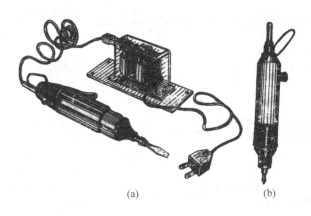

图 4-4　机动螺钉旋具

(a) 电动螺钉旋具；(b) 风劲螺钉旋具

2. 常用紧固件

在整机的机械安装中,各部分的连接、部件的组装、部分元器件的固定及锁紧、定位等,经常要用到紧固零件。常用紧固零件有螺钉、螺母、垫圈、螺栓、螺柱、压板、夹线板、铆钉等。

(1) 螺钉

螺钉的种类很多,按头部形状不同分为半圆头、平圆头、圆柱头、球面圆柱头、沉头、半沉头、滚花头及自攻螺钉等;按头部槽口形状分为一字槽、十字槽等。其中十字螺钉槽强度高,拧紧时对中性好,易于实现自动化装配。十字沉头螺钉能埋入零件内,外表平整。一字形螺钉槽强度比十字槽差,拧紧时不易对准槽口。

常用部分螺钉的图形、规格、特点及用途可参见表 4-2。

表 4-2　常用螺钉的图形、规格、特点及用途

图　形	名　称	标准代号	规　格	特点及用途
	一字槽半圆头螺钉	GB 67—76	M1～M20	钉头强度较好,应用最广,一般不用螺母,直接旋入制有螺纹孔的连接件
	十字槽平圆头螺钉	GB 818—76	M2～M12	槽形强度高,使用时应配合相应的螺钉旋具
	一字槽圆柱头螺钉	GB 65—76	M1～M20	钉头强度较好,若在被连接件表面上刻出相应的圆柱形孔,可使钉头不露在外面

图　形	名　称	标准代号	规　格	特点及用途
	一字槽球面圆柱头螺钉	GB 66—76	M1～M10	同上,但钉头的顶部呈弧形,比较美观和光滑
	一字槽沉头螺钉	GB 68—76	M1～M20	适用于不允许钉头露出的场合
	一字槽半沉头螺钉	GB 69—76	M1～M20	同上,但头部呈弧形,顶端略露在外面,比较美观和光滑。多用于仪器或比较精密的机件上
	圆柱头内六角螺钉	GB 70—76	M4～M42	连接强度高。头部能埋在零件内,但需用扳手拧紧。可产生较大的拧紧力矩,用于要求结构紧凑、外形平整的连接处
	滚花高头螺钉	GB 834—76	M1.6～M10	为了便于旋动,头部做得大,并滚有花纹。是用来调节零件位置的特殊螺钉
	锥端紧定螺钉	GB 71—76	M1～M16	用来固定轴上不常拆的零件
	平端紧定螺钉	GB 73—76	M1～M12	平端的接触面积大,不伤零件表面,用于经常拆卸的场合
	滚花头不脱出螺钉	GB 839—76	M3～M10	一般用于面板的紧固,当拆下面板时,螺钉不脱出面板安装孔,可避免丢失
	球面圆柱头不脱出螺钉	GB 837—76	M3～M10	适用于收音机后盖的紧固,拆下后盖时螺钉不易丢失
	十字槽平圆头自攻螺钉	GB 845—76	M2.5～M6	用于薄金属制件与金属制件之间的连接,螺钉本身具有较高的硬度,只需事先在主体制件上钻一相应的推荐孔即可将螺钉旋入

（2）螺母

螺母的种类也很多，按外形可分为方形、六角形、蝶形、圆形、盖形等。它与螺栓、螺钉配合，起连接和紧固机件的作用。常用部分螺母的图形、规格、特点及用途可参见表4-3。

表4-3　常用螺母的图形、规格、特点及用途

图　　形	名　　称	标准代号	规　　格	特点及用途
	方螺母（粗制）	GB 39—76	M3～M48	常与半圆头方颈螺栓配合，用于简单、粗糙的机件上，其特点是扳手转动角度较大（90°），不易打滑
	六角螺母	GB 52—76	M1.6～M48	应用较广，分很多品种，有扁的、厚的、小六角的、带槽形的等，分别用于不同的场合
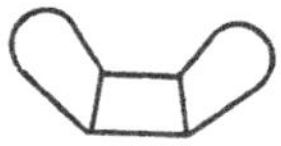	蝶形螺母	GB 62—76	M3～M16	也称元宝螺母，用于直接装拆及对连接强度要求不高和经常装拆的场合
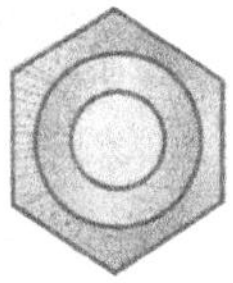	圆螺母	GB 812—76	M10×1～M200×2	通常成对地用于轴类零件上，用以防止轴向位移，其装拆须用专用的钩形扳手
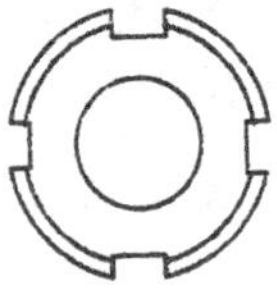	盖形螺母	GB 923—76	M3～M24	用此螺母紧固后，可盖上螺钉的突出部分，用作表面装饰螺母

（3）垫圈

垫圈按形状分，有平面、球面、锥面、开口等几种类型；按功能分，有弹簧垫圈、止动垫圈等类型。常用部分垫圈的图形、规格、特点及用途可参见表4-4。

表 4-4　常用垫圈的图形、规格、特点及用途

图　形	名　称	标准代号	公称直径/mm	特点及用途
	圆垫圈	GB 97—76	1~48	垫于螺母下面,避免连接件表面擦伤,增大接触面积,降低螺母作用在被连接件表面的单位面积压力;也可用作垫片,用以调节尺寸
	轻型弹簧垫圈	GB 859—76	2~30	装配在螺母下面,用来防止螺母松动
	圆螺母用止动垫圈	GB 858—76	10~200	是防止圆螺母松动的专用垫圈,主要用于制有外螺纹的轴或紧定套上,作固定轴上零件或紧定套上的轴承用

（4）螺栓和螺柱

螺栓有方头、六角头、沉头、半圆头等几种类型。螺柱有单头、双头、长双头等几种形式。常用螺栓、螺柱的图形、规格、特点及用途可参见表 4-5。

表 4-5　常用螺栓、螺柱的图形、规格、特点及用途

类别	图　形	名　称	标准代号	规　格	特点及用途
螺栓		小方头螺栓	GB 35—76	M5~M48	头部制成方形,适用于表面粗糙和对精度要求不高的钢铁或木质结构上
		六角头螺栓	GB 5—76	M10~M100	一般由热锻成型,除螺纹外,其余部分均不加工,用途同上
		半圆头方颈螺栓	GB 12—76	M6~M20	适用于铁木结构的连接
		地脚螺栓	GB 799—76	M6~M48	专供埋于混凝土地基中,固定各种机器或设备的底座
螺柱		双头螺柱	GB 897—76	M5~M48	两端制有螺纹,用于被连接件之一不能安装带头的螺栓的场合

（5）铆钉和销钉

常用铆钉有半圆头、沉头、平锥头、管状等几种类型。常用销钉、铆钉的图形、规格、特点及用途可参见表4-6。

表4-6　常用销钉、铆钉的图形、规格、特点及用途

类别	图　形	名　称	标准代号	公称直径/mm	特点及用途
销钉		圆锥销	GB 117—76	（小端直径）0.6～50	销和销孔表面上制有1：50的锥度，销与销孔之间连接紧密可靠，在承受横向载荷时，具有能自锁的优点，主要用于定位，也可固定零件、传递动力
		圆柱销	GB 119—76	0.6～50	在机器轴上固定零件、传递动力用，在工具、模具上作零件定位用
		开口销	GB 91—76	（销孔直径）0.6～12	用于经常要拆卸的机件轴及轴杆带孔的螺栓上，使机件及螺母等不致脱落
铆钉		半圆头铆钉	GB 867—76	0.6～16	是应用最广的一种铆钉，精制铆钉表面比较光滑，尺寸精度较高，适用于要求较高的场合
		沉头铆钉（粗制）	GB 869—76	1～16	也称埋头铆钉，用于表面需要平滑，不允许钉头外露的场合
		平锥头铆钉	GB 868—76	2～16	用途与半圆头铆钉相同
		空心铆钉	GB 876—76	1.4～6	适用于较薄较轻件的铆接，如焊片与胶木板的铆接，线路试验板的接点等
		标牌用铆钉	GB 827—76	2～5	用于装钉铭牌

（6）压板和夹线板

压板和夹线板的形状和尺寸有多种，它们用于导线、线束、零件和部件的固定。常见压板和夹线板如图 4-5 所示。

图 4-5　压板和夹线板

3. 机械安装工艺

机械安装工艺是电子产品整机生产中的一项基础技术，它对产品的技术指标和可靠性起着重要作用。下面主要介绍螺装、铆装、粘接、烫金等几种机械安装工艺。

（1）螺装工艺

用螺钉、螺栓、螺母等螺纹连接件及垫圈等紧固件，将各种元器件、零部件紧固安装在整机各个位置上的过程，称为螺装。该连接方式具有结构简单、装卸方便、易于调整、工作可靠等优点，在电子产品安装中得到了广泛的应用。

① 紧固方法：用螺钉安装时，应先将螺钉依次装到各自的孔位上，然后分步逐渐拧紧，以防结构件变形，确保安装的可靠性。在紧固长方形、正方形或圆形工件的螺钉组时，应从中间开始，逐渐向四周对称扩展。

② 螺装的质量标准：螺钉、螺栓紧固后，一般螺尾外露长度不得少于 1.5 个螺距，螺纹连接长度不得少于 3 个螺距。沉头螺钉紧固后，其头部与被紧固件的表面应保持平整，允许略有偏低，但不应超过 0.2mm。弹簧垫圈四周要被螺帽均匀压住，并将其压平。安装完毕，螺钉、螺帽应无打滑现象，被紧固件无开裂、破损现象，安装件的标志应朝外。对于固定连接的零部件，不能有间隙和松动；而活动连接的零部件，应能在规定方向和范围内灵活均匀地运动。

③ 螺接的防松措施：螺纹连接一般具有自锁性，在静态和工作温度变化不大时，不会自行松脱。但当受到振动、冲击或工作温度变化很大时，螺纹间的摩擦力就会出现瞬时减小的现象，如多次重复出现这种现象，就会使连接部位逐渐松动甚至脱落。为了防止紧固件的松动或脱落，应采取防松措施。图 4-6 为常用的几种防松措施。

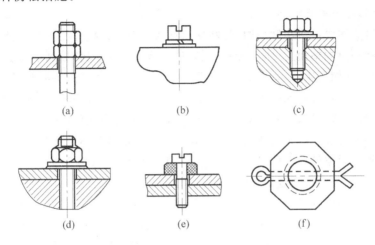

(a)　　　　　　　(b)　　　　　　　(c)

(d)　　　　　　　(e)　　　　　　　(f)

图 4-6　防止紧固件松动的措施

图 4-6(a)利用两个螺母互锁起到止动作用，一般在机箱接线板上用得较多；图 4-6(b)用弹簧垫圈制止螺钉松动，常用于紧固部位为金属的元器件；图 4-6(c)在加弹簧垫圈的同时，在螺钉孔内涂紧固漆起止动作用；图 4-6(d)在加弹簧垫圈及在露出的螺钉头上涂紧固漆来止动，涂漆处不少于螺钉半周及两个螺距，这种方法常用在一般安装件上；图 4-6(e)利用橡皮垫圈起止动作用；图 4-6(f)利用加开口销钉止动，多用于有特殊要求器件的大螺母上。

（2）铆接工艺

铆接是指用各种铆钉将零件或部件连接在一起的操作过程，它有冷铆和热铆两种方法。在电子产品装配中，常用铜材或铝材制作的各类铆钉，采用冷铆法进行铆接。铆接的特点是安装紧固、可靠。

① 对铆钉的要求

铆接时所用的铆钉尺寸适当，才能做出符合要求的铆接头。具体要求为：铆钉长度应等于被铆件的总厚度与留头长度之和，半圆头铆钉留头长度应等于其直径的 4/3～7/4 倍，铆钉直径应大于铆接厚度的 1/4。

另外，铆孔直径与铆钉直径的配合必须适当，否则易造成铆钉杆弯曲或铆钉杆穿不过等现象。具体配合要求可参见表 4-7。

表 4-7   标准铆钉直径和铆孔直径   单位：mm

铆钉直径		2	2.5	3	3.5	4	5	6	8	10
铆孔直径	精装配	2.1	2.6	3.1	3.6	4.1	5.2	6.2	8.2	10.3
	粗装配	2.2	2.7	3.4	3.9	4.5	5.5	6.5	8.5	11

② 铆接方法及要求

铆钉头需要镦成半圆形时，先将铆钉插入两个待连接件的孔中，铆钉头放到与其形状一致的垫模上，压紧冲头（压紧被铆接件用的工具）放到铆钉上，砸紧两个被铆接件，如图 4-7(a)所示。然后拿下压紧冲头，改用半圆头冲头镦露出的铆钉端，使之成半圆形，如图 4-7(b)所示。铆接后，铆钉头应完全平贴于被铆零件上，与铆窝形状一致，不允许有凹陷、缺口和明显的开裂现象。

铆钉需要镦成沉头时，操作方法基本同上，只是垫模不需要特殊形状。在用压紧冲头压紧被铆接件后，用平冲头镦成型。铆接后，被铆平面应保持平整，允许略有凹下，但不得超过 0.2mm。

铆装空心铆钉时，先将装上空心铆钉的被铆装件放到平垫模上，用压紧冲头压紧。然后用尖头冲子将铆钉孔扩成喇叭口状，如图 4-8(a)所示。再用冲头砸紧，如图 4-8(b)所示。铆接时，扩边应均匀、无裂纹，管径不应歪扭。

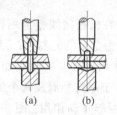

图 4-7   铆钉头镦铆成半圆形

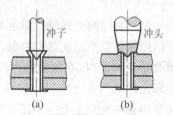

图 4-8   空心铆钉的铆装

(3) 粘接工艺

用各种合适的胶粘剂将元器件、零件及各种材料粘接在一起的过程称为粘接。粘接属于不可拆卸的固定连接。因粘接具有一些特有的优点，在电子产品生产中得到了广泛的应用。

① 粘接的特点

与螺接、铆接相比，粘接具有工艺简便、成本低廉、适用性强、受力均匀及绝缘密闭和耐腐蚀等优点。但其也存在耐热性差、对粘接件表面要求高、粘接接头抗冲击能力差等不足。

② 粘接工艺及要求

粘接的一般工艺过程为：黏合剂的合理选择→调胶→粘接面的加工→粘接面的清洁处理→涂胶→加压叠合→固化。

为保证粘接质量，粘接时应做到核查黏合剂的使用期限、固化时间及固化温度等环节；严格按要求处理粘接件的表面；涂胶位置要准确、厚度要均匀；夹具定位准确，压力应均匀；加压叠合时，必须将接口处的溢胶清除干净。

（4）烫金工艺

烫金工艺是指在压力作用下，借助于加热工具，将烫金箔上的电化铝层烫印到零件表面的过程。烫金工艺可分为平面压烫和辊式滚烫两种。烫金工艺具有装饰效果好、质量稳定、操作方便、价格低廉、适于批量生产等优点，目前已广泛用于电子产品生产中。

① 烫金工艺流程及工艺要求

烫金工艺流程为：零件表面的处理→装入专用夹具→烫印→冷却→揭膜→取下被烫金零件→检验→包装。

烫金工艺要求为：适用于聚苯乙烯、ABS、AS、PVC 和丙烯酸类树脂的零件表面；烫金件的表面应有较高的光洁度，并处于零件的最高平面，其边缘最好以平滑的小圆角过渡，以便加工；根据零件材料选用与之相适应的烫金箔，并控制相应的压力、温度和时间（一般情况下，压力控制在 2.548～12.74MPa，温度控制在 80～160℃，平面压烫的时间控制在 5～10s，滚烫的线速度控制在 3～5m/min）。

② 烫金质量标准

烫金件烫印完整，无严重变形，表面烫金箔色泽艳丽、平整光滑、无划伤、不起泡。

4. 机械安装的基本工艺要求

电子产品机械安装的基本工艺要求在工艺设计文件、工艺规程上都有明确的规定，它是进行机械安装操作中应遵循的最基本要求，其基本要求如下。

（1）严格按照设计文件和工艺规程操作，保证实物与装配图一致。

（2）到达该工序的所有元器件、材料和零部件均应经检验合格后方可进行安装，安装前应检查其外观、表面有无伤痕，涂敷有无损坏。

（3）安装时元器件和机械安装件的引线方向、极性、安装位置要正，不歪斜，尤其是金属封装的元器件不要相互接触。

（4）安装中的机械活动部分，如控制器、开关等，必须保证其动作平滑自如，不能有阻滞现象。

(5) 当安装处是金属面时,应采用钢垫圈,以减小连接件表面的压强。仅用单一螺母固定的部件,应加装止动垫圈或内齿垫圈防止松动。

(6) 用紧固件安装接地焊片时,要去掉安装位置上的涂漆层和氧化层,保证接触良好。

(7) 安装过程中要注意元器件、零部件的安全要求。如安装带有 CMOS 集成块、场效应管的零部件时,操作人员要戴防静电腕套,以防元器件被静电击穿损坏。

(8) 机械零部件在安装过程中不允许产生裂纹、凹陷、压伤和可能影响产品性能的其他损伤。

(9) 工作于高频率、大功率状态的器件,用紧固件安装时,不许有尖端毛刺,以防尖端放电。

(10) 安装时勿将异物掉入机内,安装过程中应随时注意清理紧固件、焊锡渣、导线头以及元件、工具等异物。

(11) 在整个安装过程中,应注意整机面板、机壳或后盖的外观保护,防止出现划伤、破裂等现象。

4.2.2　印制电路板的组装

印制电路板的组装是指根据设计文件和工艺规程要求,将电子元器件按一定的方向和秩序插装到印制基板上,并用紧固件或锡焊等方法将其固定的过程,它是整机组装的关键环节。

1. 印制电路板组装工艺的基本要求

印制电路板组装质量的好坏,直接影响到产品的电路性能和安全性能。为此,印制电路板组装工艺必须遵循如下基本要求。

(1) 各插件工序必须严格执行设计文件规定,认真按工艺作业指导卡操作。

(2) 组装流水线各工序的设置要均匀,防止某些工序电路板的堆积,确保均衡生产。

(3) 按整机装配准备工序的基本要求做好元器件引线成型、表面清洁、浸锡、装散热片等准备加工工作。

(4) 做好印制基板的准备加工工作

① 印制基板铆孔。对于体积、质量较大的元器件,要用铜铆钉对其基板上的插装孔进行加固,防止元器件插装、焊接后,因运输、振动等原因而发生焊盘剥

脱损坏现象。

② 印制基板贴胶带纸。为防止波峰焊将暂不焊接元器件的焊盘孔堵塞,在元器件插装前,应先用胶带纸将这些焊盘孔贴住。波峰焊接后,再撕下胶带纸,插装元器件,进行手工焊接。目前采用先进的免焊工艺槽,可改变贴胶带纸的烦琐方法。图 4-9 所示为免焊工艺槽。

(5) 严格执行元器件安装的技术要求

① 元器件安装应遵循先小后大、先低后高、先里后外、先易后难、先一般元器件后特殊元器件的基本原则。

② 对于电容器、三极管等立式插装元件,应保留适当长的引线。引线太短会造成元件焊接时因过热而损坏;太长会降低元器件的稳定性或者引起短路。一般要求离电路板面 2mm。插装过程中,应注意元器件的电极极性,有时还需要在不同电极套上相应的套管。

③ 元器件引线穿过焊盘后应保留 2～3mm 的长度,以便沿着印制导线方向将其打弯固定。为使元器件在焊接过程中不浮起和脱落,同时又便于拆焊,引线弯的角度最好在 45°～60°之间,如图 4-10 所示。

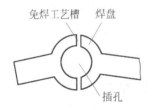

图 4-9　免焊工艺槽图

图 4-10　引线穿过焊盘后成型

④ 安装水平插装的元器件时,标记号应向上,且方向一致,以便观察。功率小于 1W 的元器件可贴近印制电路板平面插装,功率较大的元器件要求元件体距离印制电路板平面 2mm,便于元件散热。

⑤ 插装体积、质量较大的大容量电解电容器时,应采用胶粘剂将其底部粘在印制电路板上或用加橡胶衬垫的办法,以防止其歪斜、引线折断或焊点焊盘的损坏。

⑥ 插装 CMOS 集成电路、场效应管时,操作人员须戴防静电腕套进行操作。已经插装好这类元器件的印制电路板,应在接地良好的流水线上传递,以防元器件被静电击穿。

⑦ 元器件的引线直径与印制板焊盘孔径应有 0.2～0.3mm 的间隙。太大了,焊接不牢,机械强度差;太小了,元件难以插装。对于多引线的集成电路,可

将两边的焊盘孔径间隙做成 0.2mm,中间的做成 0.3mm,这样既便于插装,又有一定的机械强度,如图 4-11 所示。

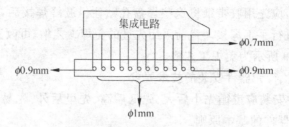

图 4-11　多引线集成电路的焊盘孔径

2. 元器件在印制电路板上的插装

电子元器件种类繁多,结构不同,引出线也多种多样,因而元器件的插装形式也就有差异,必须根据产品的要求、结构特点、装配密度及使用方法来决定。插装形式一般有以下几种。

(1)贴板插装。插装形式如图 4-12 所示,它适用于防振要求高的产品。元器件紧贴印制基板面,插装间隙小于 1mm。当元件为金属外壳、插装面又有印制导线时,应加垫绝缘衬垫或套绝缘套管,以防止短路。

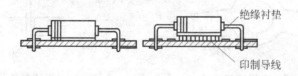

图 4-12　贴板插装

(2)悬空插装。如图 4-13(a)所示,它适用于发热元件的插装。元器件距印制基板面要有一定的安装距离,一般在 3～8mm 范围内。

(3)垂直插装,也称立式插装。它适用于插装密度较高的场合,电容器、二极管、三极管常采用这种形式,如图 4-13(b)所示。

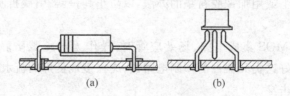

(a)　　　　　　　(b)

图 4-13　悬空插装及垂直插装

（4）嵌入式插装。这种方式是将元器件的壳体埋于印制基板的嵌入孔内。为提高元器件安装的可靠性,常在元件与嵌入孔间涂上黏合剂,如图 4-14 所示。该方式可提高元器件的防震能力,降低插装高度。

（5）有高度限制时的插装。在元器件插装中,有些元件有一定高度限制。为此,在插装时应先将其垂直插入,然后再沿水平方向弯曲。对于大型元器件要采用胶粘、捆扎等措施,如图 4-15 所示,以保证有足够的机械强度,经得起振动和冲击。

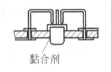

图 4-14　嵌入式插装

图 4-15　有高度限制时的插装

（6）支架固定插装。插装形式如图 4-16 所示。该方式适用于小型继电器、功放集成电路等质量较大的元器件。一般是先用金属支架将它们固定在印制基板上,然后再焊接。

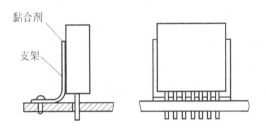

图 4-16　支架固定插装

3. 印制电路板组装工艺流程

根据电子产品生产的性质、生产批量、设备条件等情况的不同,需采用不同的电路板组装工艺,常用的有手工装配工艺和自动装配工艺。

（1）手工装配工艺流程

① 独立插装

在产品样机试制或小批量生产时,常采用手工独立插装完成印制板的装配,即操作者根据工艺作业指导卡,把构成某一功能的单板上所有元器件逐个插装到印制基板上。其操作过程为:待装元件→引线成型→插件→元器件整形→焊接→剪切引线→检验。独立插装方式需操作者从头插到尾的操作,效率低,差错率高。

② 流水线插装

对设计稳定、大批量生产的产品，因印制板上元器件插装的工作量大，需采用流水线装配，以提高装配效率和质量。对于一些元件较少的印制线路板，可以设计成拼板后再上流水线进行插装。

插件流水作业是把印制电路板的整体装配分解为若干道简单的装配工序，每道工序固定插装一定数量的元器件，使操作过程大大简化。印制电路板上元件的分解有两种不同方法，一种是按元器件的类型、规格插装，另一种是按元器件在电路板上的布局，分块插装。前一种方法因元器件品种、规格趋于单一，不易插错，但插装范围广、速度低；后一种方法的插装范围小，工人易熟悉电路的插装位置，插件差错率低，常用于大批量的生产。分解元器件时，每道工序的插装元件要适量，一般每道工序分解 12 个左右的元器件。元件量过少，势必增加操作人员，不能充分发挥流水线的插件效率，而元件量过多又使工人难以记忆，容易发生差错。在划分过程中，应注意每道工序的时间要基本相等，确保流水线均匀移动。

印制电路板插件的流水线方式有自由节拍形式和强制节拍形式两种。所谓自由节拍形式由操作者控制流水线的节拍，即操作者按规定要求完成插装后，将印制板传送到下一道工序。所谓强制节拍形式，是要求每个操作者必须在规定时间内，把所要求插装的元器件准确无误地插到电路板上。该插装方式带有一定的强制性，在分配每道工序的工作盘时，应留有适当的余量，以保证插件质量。目前，生产中的强制节拍形式是靠连续匀速运动的皮带传送实现的。流水过程中的工序数应根据产品的复杂程度、日产量、工人技能水平等因素确定。图 4-17 为印制电路板手工流水插装的一般工艺流程。

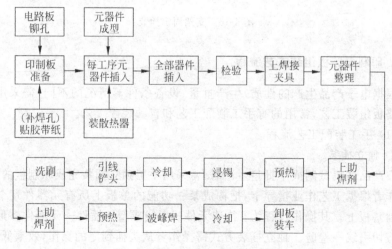

图 4-17　手工流水插装工艺流程

（2）自动装配工艺流程

手工装配使用灵活，操作方便，设备简单，广泛用于中小规模生产中。但其速度慢、效率低、差错率高，不适应现代化的生产，因而对于设计标准、规模大、产量高而又无特殊元器件选用的产品，宜采用先进的自动装配方式。采用自动装配机，可大大提高插件速度，改善插件质量，减轻操作人员的劳动强度，提高生产效率和产品质量。

自动装配和手工装配的过程基本相同，都是将元器件逐一插入印制板上，印刷电路板上大部分元器件由自动装配机完成插装。自动插装工艺过程如图 4-18 所示。

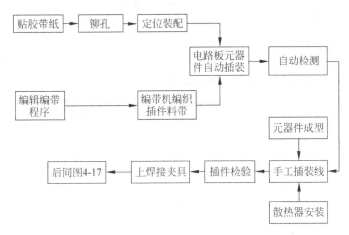

图 4-18　自动插装工艺流程

自动装配对设备要求高，并对元器件的供料形式有一定的限制，自动插装机的使用步骤、方法及有关要求如下。

① 不是所有的元器件都可进行自动装配。一般用于自动装配的元器件的外形和尺寸要求尽量简单一致，方向易于识别，有互换性（如电阻和跳线）。在自动插装后一般仍需手工插装不能自动插装的元件。

② 在自动装配过程中，要求元器件排列取向沿着 X 轴或 Y 轴。

③ 自动插装需编辑编带程序。元器件自动插装前，首先要按照印制板上元器件自动插装路线模式，在编辑机上进行编带程序编辑。插装路线一般按 Z 字形走向，编带程序应反映各元器件按此插装路线插件的程序。

④ 编带机编织插件料带。在编带机上，将编带程序输入编带机的控制电脑，编带机根据电脑发出的指令运行，并把编带机料架上放置的不同规格的元件带料自动编织成以插装路线为顺序的料带。编带过程中若发生元件掉落或元件不符合程序要求，编带机的电脑自动监测系统自动停止编带，纠正错误后编带机

再继续运行,保证编出的料带质量完全符合程序要求。元件带料的编排速度由电脑控制,编排速度可达每小时 25 000 个。图 4-19 所示为电阻器料带。

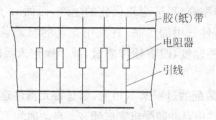

图 4-19　电阻器料带

⑤ 元器件的自动插装。编织好的元器件料带放置在自动插装机料带架上,印制电路板放置在插装机 X-Y 旋转工作台上,将已经编辑好的元器件插装程序输入到插装机的电脑中,由电脑控制插装机将元件一个一个地插装到电路板上。电路板 X 轴方向的元件插装完毕,旋转工作台会按照程序指令,自动旋转 90°角,再完成 Y 轴方向元件的插装。插装过程中出现错误或元件未插装到位,插装机控制盘上的指示灯会发出声光报警信号并自动停机,待检查补正后,插装机再继续运行。自动插装机能自动完成元件的引线切脚、引线成型、元件移动、元件插入、引线弯角等动作。

⑥ 在自动插装过程中,印制电路板的传递、插装、检测等工序,都由计算机按程序进行控制。

4.2.3　整机总装的工艺过程

总装是指将单元调试检验合格的产品零部件,按照设计要求进行装配、连接,并经整机调试、检验直至组成具有完整功能的合格成品的整个过程。它是电子产品生产中一个重要的工艺过程。

1. 整机总装的工艺流程

整机总装通常是在流水线上进行,一般工艺流程为:各零部件的配套准备→整机装配→整机调试→合拢装配→检验→包装入库或出厂。

下面以某调频调幅立体声收录机生产为例,详细说明整机总装的工艺流程。图 4-20 为收录机总装的工艺流程。

（1）零、部件的配套准备

整机总装前,车间仓库应对装配过程中所需的各种零部件进行配套,并按生产批次及工艺规程分发到各整机装配工序。所配套的零部件应包括单元板、装

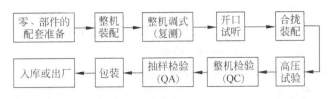

图 4-20　收录机总装工艺流程

接所需的各种紧固件和产品上的各种零部件,如收录板、功放板、音调板、指示灯板等各单元功能板,机芯、面板、后盖、盒带门、线扎、旋钮等。各单元功能板应经调试、检验合格,其他零部件也应检验合格,否则不能流入总装线。

(2)整机装配

整机装配是将合格的单元功能电路板及其他配套零部件,通过螺装、铆装和粘接等工艺安装在收录机面板或机壳上,其装配过程如下。

① 上面板。整机总装之前,一般先进行面板组件的加工。因塑料面板一般要经过二次加工,首先应将注塑成型的面板进行喷涂、丝印、烫印,然后将有关铭牌、控制键及指示灯板、话筒插口板等零部件粘贴、装配到面板上,组装完毕的面板组件应待胶粘剂完全固化后方可进入总装线。整机装配工在将面板组件放置到流水线上之前,应先对其进行外观检查,对不合格的工件要分开存放,并做好记录。检验合格的工件经吹扫清洁后,套上面板保护框或绒布护罩,再轻轻放置到流水线传送带上。

② 安装带盒仓门、音调板、电源开关、发光罩等轻、小零部件。

③ 安装机芯、主板(如收录板、功放板)、扬声器等较重、较大的部件。在装配过程中应同时进行有关连线的接插。

④ 焊接连线。收录机内元件、部件之间的连线除直接插接外,有的还需要在元器件、零部件装配完后进行焊接,如喇叭线等。在焊接过程中,应注意烙铁不要触及其他元器件和连线。

⑤ 安装面板上的控制键、旋钮,调整并固定收音指针。

在以上整机装配过程中,各工序除按工艺要求操作外,应严格进行自检、互检,并在装配过程的一定阶段设置相应的专检工序,分段把好装配质量关,以提高整机生产的一次合格率。

(3)整机调试

收录板、功放板、音调板等单元功能板安装到位后,应进行复测或调试,以保证各项技术指标符合设计要求。收录机的调试项目有中波、短波和调频统调,调频立体声解码调试,带速、抖晃率、方位角调试,放音通道增益检测等。调试不合格的整机应进行调整、修理,直至符合指标要求为止。

（4）开口试听

收录机在合拢装配前，一般都设有开口试听检验工序，以便于对有故障的机器进行修理，提高后道整机检验的合格率。开口试听工序主要进行收音、放音和录放的功能检查，例如有无声音、收音各波段能否收到电台、有无自激、放音时各机芯功能键能否正常工作，有无明显交流声、录音功能是否正常等。对于有故障的机器，应交修理工序进行检修。

（5）合拢装配

合拢装配就是将组装合格的后盖组件与面板进行装接，构成完整的整机。合拢装配前应对后盖进行检验，其内容主要有后盖表面有无划伤、破损；后盖内有无线头、螺钉、螺母、锡渣等异物；天线、提把是否完好；电池塔簧及接线是否牢固、有无脱落等。对检验不合格的后盖要分开存放，检验合格的后盖需经吹扫清洁后，方可进行装配。

（6）高压试验

高压试验是整机的一项安全性指标测试。检测时，将高压试验仪输出的一端接整机电源插头的一脚，另一端接可触碰的金属件（如天线、干电池负极片等）。然后接通高压试验仪电源，将高压调到 3kV，漏电流为 10mA，保持 1min（在大批量生产中可减小漏电流、缩短试验时间，如设为 1mA，30s），应无击穿、飞弧现象，如遇故障应立即进行检修。

（7）整机检验（QC）

整机检验由车间的整机检验工完成，应包含如下主要内容。

① 外观检验。要求整机表面无划伤、无污迹，标志牌粘贴牢靠，螺钉紧固可靠、无锈斑，丝印的文字图样清晰、完整，面板与后盖的接缝小而平整。

② 机上各开关、功能键应灵活到位，音调、音量电位器应平滑、无阻滞现象。

③ 机上各旋钮与轴柄的配合既不能太松也不能过紧，转动旋钮应轻巧、灵活。调谐时，指针移动要顺畅，行程应满足要求。

④ 收音、录放音、音调、音量调节等功能应正常。

经上述检验合格后，检验工应在整机的指定位置贴上合格证和检验工号，然后交给包装工序。

（8）成品的抽样检验（QA）

成品的抽样检验由企业质量部门的检验工负责进行。检验时应先根据产品的基数抽取样品。抽样产品检验的内容除 QC 所要检验的项目外，还要检查包装袋、包装箱、包装附件和包装工艺是否符合要求，整机的主要性能指标是否符合设计规定。只有经质检部门抽样检验合格的整机方可入库、出厂。对抽检不合格的整机，应由生产车间组织返工，然后再按规定程序重新检验。

2. 整机装配的工艺原则及基本要求

（1）整机装配的工艺原则

电子产品的整机装配往往比较复杂，在流水线上要经过多道工序，采取不同的装接方式和安装顺序。安装顺序的合理与否直接影响到整机的装配质量、生产效率和工人的劳动强度。装配时一般按先小后大、先轻后重、先铆后装、先装后焊、先里后外、先低后高、上道工序不影响下道工序、下道工序不改变上道工序的装接原则进行安装。装配过程中应注意前后工序的衔接，使操作者感到方便、省力和省时。

（2）整机装配的基本要求

整机装配的基本要求是牢固可靠，安装件的方向、位置、极性正确，不损伤元器件和零部件，不碰伤面板、机壳表面的涂敷层，不破坏整机的绝缘性，确保产品电性能的稳定和足够的机械强度。

思考与复习题

1．简述工艺组装的内容、特点和级别。
2．试述组装工艺技术的发展特点。
3．试述三个常用装配工具的特点。
4．简述印制电路板的组装工艺流程。
5．整机总装工艺流程中的关键步骤是什么？

参 考 文 献

[1] 蔡建军.电子产品工艺与品质管理[M].北京：北京理工大学出版社,2014.
[2] 牛百齐.电子产品工艺与质量管理[M].北京：机械工业出版社,2013.
[3] 周德东.电子产品制作工艺与实训[M].北京：北京大学出版社,2013.
[4] 蔡建军.电子产品工艺与标准化[M].北京：北京理工大学出版社,2008.
[5] 孟贵华.电子技术工艺基础[M].北京：电子工业出版社,1996.
[6] 韩雪涛.电子产品装接技能鉴定辅导[M].北京：电子工业出版社,2012.